Eckehard Gerner

Der Opa vom Opa, der ein Fisch war

Geschichten, Anekdoten & Kurioses aus meiner Lehrerzeit

Bibliografische Information der Deutschen Nationalbibliothek:
Die Deutsche Nationalbibliothek verzeichnet diese Publikation in der Deutschen Nationalbibliografie; detaillierte bibliografische Daten sind im Internet über *www.dnb.de* abrufbar.

Gedruckt auf FSC®-MIX TUEV-COC-000146 zertifiziertem Papier

Eckehard Gerner, ›*Der Opa vom Opa, der ein Fisch war*‹
Originalausgabe

Titelabbildung: Shutterstock
Gestaltung und Verlag: memorabilia
ISBN 978- 946223-78-8

Für meine ehemaligen Schülerinnen und Schüler,
insbesondere meiner ersten Klasse,
der späteren 10 b in Freiburg/Elbe
und für alle gutgesinnten, ehemaligen
Kolleginnen und Kollegen.

Inhalt

Teil 2: Klassenfahrten & Tagesausflüge

Teil 3: Schule in Schottland & der Karibik

Vorwort

»Wir hatten da einen Lehrer, der konnte …«

So oder so ähnlich beginnen oft Gespräche über die Schulzeit aus der Sicht der ehemaligen Schüler. Über kaum ein anderes Thema kann man sich so auslassen und reden, schließlich hat da jeder seine individuellen Erfahrungen. Nun habe ich mich darangesetzt, aus der Perspektive des Lehrers einen Teil der vielfältigen kleineren und größeren Episoden wiederzugeben, die sich tatsächlich so ereignet haben. Dabei wollte ich mir selbst kein narzisstisches Denkmal setzen, aber ›Denk mal nach über die Lehrerzeit‹ war der Antrieb, aus dem Gedächtnis diese knapp einhundert Geschichtchen und Geschichten aufzuschreiben. Es sollte keine chronologische Autobiographie sein, vielmehr bot es sich an, meine ganz persönlichen Erlebnisse in vier Teile aufzugliedern.

Das Leben ist nicht immer lustig, aber ich habe mich bemüht, vieles mit Humor und leichter Ironie zu würzen, konnte es mir jedoch nicht verkneifen, auch mal törichte Äußerungen von Kollegen aufzuspießen. In der unterrichtsfreien Corona-Zeit (in der dieses Buch entstand) bekommt die Schule allgemein doch eine enorme Aufmerksamkeit und ein Interesse, über die sie zu normalen Zeiten nicht verfügt.

Wer kann schon von sich behaupten, nie mit einem gewissen Bauchgrimmen zur Arbeit oder zum Dienst angetreten zu sein? Ich kann mich nicht entsinnen, dieses Gefühl je gehabt zu haben, allenfalls vor wichtigen Terminen, wie Prüfungen, Vorführstunden und Zwistigkeiten innerhalb des Kollegiums.

Außer an meinen insgesamt drei Dienststellen, der Realschule Freiburg/Elbe und den Orientierungsstufen (5. und 6. Klassen) in Hannover-Limmer und Hannover-Ahlem, unterrichtete ich auch an der Grundschule in Freiburg und an den Hauptschulen in Freiburg und Hannover-Limmer, außerdem noch als Austauschlehrer in Schottland. Von der 2. Klasse bis zum *A-Level/School Leaving Exam/University Qualification* (Abitur in Schottland) hatte ich es also mit Schülern im Alter von sieben bis achtzehn Jahren zu tun. An meiner letzten Schule bekleidete ich auch die Rolle des Verkehrskaspers (Verkehrsobmann) und die Posten als Personalobmann (Betriebsratsvorsitzender) und Fachbereichsleiter Gesellschaft (WUK=Welt- und Umweltkunde, Erdkunde, Geschichte und Sozialkunde).

Es gibt sicherlich wenige Menschen meines Alters, die mit sechzehn Jahren als Schiffsjunge (Moses) bei der Handelsschifffahrt anfingen, über die Dienstgrad-Hühnerleiter Offizier wurden und dann über den zweiten Bildungsweg Lehrer. Deshalb habe ich diesen Berufswechsel und das Studium an der Pädagogischen Hochschule in Hildesheim in meine Kurzgeschichten mit einbezogen.

Was verbindet den Beruf des Seemanns bei der Handelsmarine (nicht Bundesmarine) mit dem des Lehrers? Man weiß in der Regel nicht, was der nächste Tag an Überraschungen, Unvorhersehbaren und Sonderbaren bereithält. Aber genau das ist doch etwas Wunderbares. Die besten Geschichten schreibt immer noch das wahrhaftige (Er-)Leben selbst!

Dazu passt auch diese Anekdote: Wenn Mutter oder Vater eines Schülers nicht zu einem Gespräch in die Schule kommen konnten, aus welchen Gründen auch immer, dann besuchte ich die Eltern schon mal in ihrem Zuhause. Als ich dem Vater von Maria Dolores die Defizite seiner Tochter zu erklären versuchte, sagte er nur: »*De ella madre es un poco vago y tonto, también*«, sinngemäß: Warum sollte meine faule Tochter anders als ihre Mutter sein.

Ja, warum denn noch Schule und Bildung, wenn doch alles von den Genen abhängt?

Teil 1: Schule & Unterricht

I. Aber wenn doch der Mond stehenbleibt?

Es war an einem Morgen im Sommer. Die Sonne strahlte am Firmament und tauchte den Deich, das Vorland und den Fleet in ein helles, aber angenehmes Licht. Beiderseits des Fleets, der den kleinen Hafen von Freiburg mit der Elbe verbindet, grasten Rinder und Pferde auf dem satten Grün des Marschlandes. Ab und zu unterbrachen nur einige Möwen die Ruhe dieses Idylls.

Eine quirlige, fröhliche Schar von Mädchen und Jungen lief den Deich empor und legte sich, oben auf der Deichkrone angekommen, in das trockene Gras.

»Das hier ist kein Bett im Kornfeld zum Ausruhen und Träumen! Setzt euch hin und hört mir zu. Wir sprechen heute über Ebbe und Flut, euer Eis könnt ihr ruhig weiter lutschen!«

Ich hatte den Kindern auf dem Weg zum Deich, vorbei am Bootshafen, im nahe gelegenen Tante-Emma-Laden ein Eis am Stiel für je einen Groschen spendiert. Nun saßen sie auf der Weide, leckten genüsslich an ihrem Eis und folgten aufmerksam und diszipliniert meinen Erläuterungen zu den Gezeiten. Drei Jungen meldeten sich. Ich entschied mich, den Kleinsten anzuhören.

»Das wissen wir schon längst, alle sechs Stunden ist Ebbe oder Flut. Ich weiß sogar, was Nipptide und Springtide ist. Hat mir mein Opa erklärt!«

»Toll, Donnerlüttchen. Weißt du denn auch, warum das Wasser bei Flut mal höher und mal niedriger ist?«

»Hat irgendwas mit so 'ner Kraft von Sonne und Mond zu tun.«

»Ich versuch es mal zu erklären, und nachher machen wir in der Schule davon eine schöne Zeichnung.«

Vor drei Tagen hatte ich vertretungsweise den Sachkunde- und Deutschunterricht in dieser 2. Klasse am Ende des Schuljahres übernehmen müssen. Gleich drei Kolleginnen und Kollegen der Grundschule waren nach einem ausgedehnten Skatabend im hiesigen kleinen Krankenhaus gelandet, weil ihr Käfer partout schräg auf den Deich zuhielt und dann das Gleichgewicht verlor. Obwohl ich noch nicht die zweite Lehrerprüfung abgelegt hatte, die Realschule eigentlich meine ›Stammschule‹ war und ich gleich im allerersten Dienstjahr dort eine Klasse als Klassenlehrer übernommen hatte, wurde nicht groß diskutiert, wenn ›Not am Mann/an der Frau‹ war und die verschiedenen Schulen sich gegenseitig aushelfen mussten.

Was also lag näher, als mit den überwiegend achtjährigen Grundschülern die ›originale Begegnung‹ anzuwenden, praktischerweise quasi direkt vor der Haustür. Als ich meine Ausführungen über die Anziehungskraft von Sonne und Mond bei der Entstehung der Gezeiten beendet hatte, meldete sich ein bezopftes, sommersprossiges Mädchen.

»Mein Opa hat mir das alles auch schon gesagt, hab' ich aber nicht alles behalten. Was ist aber, wenn der Mond mal stehen bleibt, dann haben wir immer nur Ebbe oder nur Flut.«

»Ihr habt doch auch die Segelboote im Hafen gesehen. Die lagen dort alle im Schlick …«

»War ja auch Ebbe!«

»… die würden dann ja gar nicht mehr rauskommen, wenn die Flut nicht kommen würde!«

»Aber wenn der Mond doch stehen bleibt?!«

»Das macht er aber nicht, der dreht sich in achtundzwanzig Tagen immer wieder um die Erde.«

»Aber wie lange schon?«

»Das weiß keiner so ganz genau.«

»Dann weiß man also auch nicht, ob er nicht doch schon mal stehen geblieben ist.«

»Das wird nicht passieren.«

»Aber wenn doch?«

Nach dieser unvollkommenen Überzeugungsarbeit in Sachen Ebbe und Flut begleitete ich meine Schutzbefohlenen zurück zur Schule und überlegte dabei schon, wie ich glaubhaft und nachvollziehbar die Gesetze der Gestirne den Kindern nahebringen könnte.

Aber wenn doch... (mal ein Asteroid auf dem Mond oder der Erde einschlägt)?

II. Gewalt-Enteilung

Während ich in der nächsten Unterrichtsstunde, Sozialkunde 10. Klasse, Thema Gewaltentrennung, dabei war die Begriffe Legislative, Judikative, Exekutive und ihre entsprechenden deutschen Begriffe langsam und sehr säuberlich auf die Tafel zu schreiben, konnte ich ein anschwellendes Gekicher nicht überhören. War mir am Allerwertesten die Hose gerissen, hatte mir jemand einen Zettel auf den Rücken geklebt?! Ich drehte mich um und schaute in ungläubige, aber auch lachende Gesichter.

»Was ist los?«

»Wir wussten gar nicht, dass Sie so richtig schönschreiben können, die Schrift kennen wir von der Grundschule.«

»Da komme ich auch gerade her, na dann schreibe ich wieder in meiner Normal-Klaue, geht auch schneller.«

Als ich mit der Lehre des Herrn Montesquieu fertig war, fehlte nur noch die Überschrift, die das Thema mit einem einzigen Wort prägnant zusammenfasste: Gewaltenteilung. Da meldete sich der Schüler Helmut, der lobenswerterweise immer nachhakte, wenn er im Unterricht etwas nicht ganz klar verstand.

»Wieso heißt das Gewalt-Enteilung, das begreife ich jetzt nicht!«

Ich schaute ihn verdutzt an. Ja, man konnte diesen Begriff tatsächlich mit entsprechender Betonung eben auch so lesen. Natürlich erfolgte auf seine Frage ein ziemlich abwertendes Gelächter, das ich umgehend zu unterbinden versuchte.

»Ausgelacht wird bei mir niemand! Oder wir lachen alle gemeinsam!« Der bedauernswerte Helmut! Es war nicht das erste Mal, dass seine Mitschüler ihn ganz offensichtlich verspotteten – Mobbing anno 1977. »Helmut hat nicht so ganz unrecht, man kann es auch so lesen. Die Gewalt enteilt in einem Staat, wenn sie getrennt wird.«

III. *important* = impotent

Orientierungsstufe, 6. Klasse, Englisch: Zum Sprachenerwerb ist ein flüssiges Lesen einfacher Texte schon im Anfangsunterricht unverzichtbar und nun, im zweiten Jahr, konnten den Schülern schon längere Sätze zugemutet werden.

»*Jörg, please go on.*«

»*In Great Britain pupils must wear school uniforms, that is very im ... impo ... impotent ...*«

Weiter kam der arme Jörg nicht, einige Schüler brachen in ein unüberhörbares Gekicher aus, andere wussten nicht, warum gelacht wurde. Die Mädchen schauten nur verwundert drein.

»Ich habe das Wort schon mal gehört, ich dachte, das wäre Englisch, oder?«

»Das hast du falsch gelesen, es heißt ›*important*‹, also ›wichtig‹, das hatten wir schon einmal durchgenommen.«

Ich beließ es bei dieser Erklärung, alle weiteren Kommentare dazu hätten mich nur in Bedrängnis gebracht. Jahrzehnte später las ich an einem Torbogen in Schwerin ›*Wer die Beatles nicht kennt, ist impotent*‹ und musste natürlich dabei an Jörgs Interpretation von ›*important*‹ denken.

IV. Sprachlabor – Beatles – Jahresarbeit

Die Musik und die Texte der Beatles zählten in den 60er und 70er Jahren schon zum allgemeinen Kulturgut, zumindest bei der Jugend. Was lag also näher, als manche ihrer Songs im Englischunterricht einzusetzen?

So ging ich also mit den Schülern der 7. bis 9. Klasse der Hauptschule sonnabends (!) ins Sprachlabor, damals die jüngste technische Errungenschaft und neueste Mode im Fremdsprachenunterricht. Die vollständigen Texte besorgten sich die Schüler zumeist aus der ›Bravo‹, der Jugendzeitschrift mit Millionenauflage. Ich schrieb die Songtexte auf eine Folie und vergrößerte sie mit einem Tageslicht(Overhead)-Projektor.

Beim Abspielen der Musik sangen die meisten Mädchen mit, während sich die Jungen dezent zurückhielten. Was konnte erfüllender und schöner sein? Da stand ich nun vor der Klasse, hörte meine Lieblingssongs und schaute in zufriedene Teenagermienen, die ebenfalls offensichtliche Freude bei diesen Lektionen hatten – und wurde dafür auch noch gut entlohnt. Wahrhaftige Sternstunden!

Einer meiner oft eingesetzten Songs war ›*When I'm Sixty-Four*‹ mit seinem fast balladenhaften einfachen Text. Dabei dachte ich damals schon daran, wie es mir wohl mit vierundsechzig Jahren ergehen würde, aber das war ja noch sooo weit weg ... und jetzt bin ich schon mehr als zehn Jahre drüber. Wo sind all die Jahre geblieben?!

Gewiss haben nicht alle Songs der Beatles tiefsinnige Botschaften und Inhalte. Als 17-Jähriger hatte ich die Pilzköpfe im Hamburger Star-Club unmittelbar erlebt und dadurch blieben sie mir ein Leben lang präsent. ›*Imagine*‹ von John Lennon mit seiner einfachen, aber unvergänglichen Substanz ist für mich einer der größten Songs – gestern, heute, morgen.

Jeder Schüler im Alter von 16 oder 17 Jahren hat ganz persönliche, bestimmte Hobbies und Interessen, warum sollten sie also nicht darüber schreiben? So kam ich auf die Idee, zur Vertiefung und Darstellung ihrer Vorlieben eine Art ›Jahresbericht‹ als Hausaufgabe anfertigen zu lassen. Jeder konnte das Thema frei wählen, als Minimum gab ich zehn DIN-A4-Seiten vor, dummerweise kein Maximum – ein kapitaler Fehler! Als die Abgabefrist abgelaufen war, hatte ich einen wunderbar dicken Haufen unterschiedlichster Themen: von Agrarwirtschaft bis zum Zeppelin. Über mangelnde Beschäftigung in den anschließenden Osterferien konnte ich mich daraufhin nicht beklagen. Durchsicht, Korrektur und Bewertung erforderten einen nicht unerheblichen Zeitaufwand. Das Ziel hatte ich jedoch erreicht: die sehr unterschiedlichen Interessen der Heranwachsenden zu wecken und zu intensivieren. Alle hatten weit mehr als das Minimum abgegeben. Bei fast dreißig Schülern summierte sich der Arbeitsaufwand für mich – den ›faulen Sack‹ (Originalton eines Ministerpräsidenten) auf eine beträchtliche Stundenanzahl.

Dabei sahen die Richtlinien des Kultusministeriums solch eine zusätzliche Jahresarbeit gar nicht vor, es war ein eigener pädagogischer Entschluss für meine Zehntklässler. Hans-Joachim hatte sich die Beatles als Thema auserkoren, nicht, weil er sich bei mir einschleimen wollte, sondern ganz und gar aus eigenem Interesse.

Im Übrigen unterrichtete ich in meiner eigenen Klasse kein Englisch. Er kannte also meine Vorliebe für diese Gruppe wahrscheinlich nicht. Mit diesem Thema lag er bei mir richtig, so dass ich doch etliche Anmerkungen über Selbsterlebtes an den Rand seines Textes schreiben konnte.

V. Zu viel Kopie

Karl schrieb über die ›*Landwirtschaft in Kehdingen*‹. Ein großer Teil meiner Schüler waren Kinder von Landwirten mit kleineren oder größeren unterschiedlichen Betrieben. So war also seine Themenwahl nichts Außergewöhnliches in dieser Marschlandschaft an der Unterelbe.

Ungewöhnlich und beeindruckend bediente er sich in seinem Text einer geschliffenen Sprache mit fehlerfreier Orthographie und Interpunktion. Sollte es der Rektor, der in meiner Klasse Deutsch unterrichtete, tatsächlich geschafft haben, den Zehntklässlern solche Spitzenleistungen beizubringen? Nun, auch die Arbeiten der anderen wiesen keine großen Defizite in puncto deutsche Sprache auf. Karls Text war aber so gut gelungen, dass ich misstrauisch werden musste.

Es gelang mir, damals sehr zeitraubend und mühsam, den wahren Verfasser ausfindig zu machen. Karl hatte schlicht und einfach viele Passagen des gleichnamigen Buches Wort für Wort abgeschrieben.

»Karl, einiges ist ja tatsächlich auf deinem eigenen Mist gewachsen, du hast aber zu viel einfach nur 1:1 in deine Arbeit übertragen.«

Ich hielt ihm das Buch, das ich bei einem befreundeten Landwirt aufgetrieben hatte, unter die Nase. Karl fühlte sich ertappt und lief im Gesicht rot an. Ich erlebte zum ersten Mal einen gar nicht mehr wie sonst ziemlich selbstsicheren Karl, sondern einen, der mich nun verunsichert mit fast flehentlichem Blick anschaute.

»Krieg ich jetzt 'ne 6?«

»Nein, aber mehr als eine 3- kann ich dir nun wirklich nicht geben, hast ja das Thema nicht verfehlt und beim Abkupfern warst du besonders fleißig.«

Aus gutem Grund hatte ich den Schülern verschwiegen, dass die Zensierung nur dann in die Jahresnote meiner drei Fächer –

Geographie, Geschichte und Sozialkunde – einbezogen würde, wenn die Jahresarbeit besonders hervorragend gelungen wäre, und wenn sie in irgendeiner Form zu den drei Unterrichtsfächern passte – und das erfüllten alle Arbeiten.

Sehr viel später, bei einem unserer regelmäßigen Klassentreffen oder auch bei mir zu Hause, fragte mich Karl des Öfteren, ob ich denn noch immer indigniert wegen seines Abkupferns sei. Da war er schon längst Agrar-Ingenieur und Vater dreier Kinder!

VI. Stadtplan vom Architekten

War ein bloßes Abschreiben bei einer Schülerhausarbeit keine besondere Missetat – im Gegensatz zu mancher Doktorarbeit einiger Politiker – so stellte mich dann aber doch die Arbeit der Schülerin Nele vor ein arges Dilemma. Zum Thema ›*Stadtentwicklung – die geplante Stadt, in der die Menschen wohnen, ohne weite Wege arbeiten und eine sinnvolle Freizeit verbringen können*‹ steuerte sie einen perfekten, professionell gezeichneten Plan bei.

»Nele, das ist nicht deine Arbeit, wer hat sie gemacht?«, wollte ich von ihr wissen.

»Na, ich, wer denn sonst?«, erwiderte sie. Auch sonst war sie im Unterricht ziemlich schlagfertig und selbstbewusst.

»Ich werde die Arbeit nicht bewerten, also weder 1 noch 6, sie zählt nicht zur Jahresnote.«

»Das ist gemein. Ich habe mir solche Mühe gegeben!«

Etliche Jahre später, anlässlich eines Schuljubiläums, traf ich Nele wieder.

»Nun Nele, jetzt kannst du es mir ja sagen: Von wem war die Zeichnung der geplanten Stadt, damals in Erdkunde?«

»Mein Vater kannte einen Architekten, der hat sie wohl zu einwandfrei gemacht. Jetzt können Sie ihm ja die 1 geben.«

Rückblickend betrachtete ich meine Entscheidung doch mit einer gewissen Zufriedenheit, ich hatte richtig gehandelt. Trotzdem glaube ich, dass ich nicht jeden Kniff der Schüler, zum Beispiel bei Tests, bemerkt habe. In dieser Hinsicht konnte sich so manche Kreativität entwickeln.

Stand in einer Klasse, in der ich als Klassen- oder Fachlehrer begonnen hatte, die erste Arbeit oder der erste Test an, so ließ ich nicht den geringsten Zweifel aufkommen, dass ich vermeintlich sämtliche Tricks beim ›Abbohren‹ kannte. Schließlich war die umgekehrte Situation beim Arbeit- oder Testschreiben noch keine Ewigkeit her. Sicherlich wollte ich auch bei meinen Kontrollgängen so manchen Trick mit Spickzetteln aufdecken, den die Schüler womöglich gar nicht kannten. Es kam aber auch vor, dass manche Hefte oder Tests praktischerweise inklusive Bohrzettel abgeliefert wurden. So viel Dummheit konnte ich natürlich nicht ungestraft lassen.

VII. Greenwich – die grüne Hexe

Aber wer ist schon ohne Fehl und Tadel? Bei meiner Fachleiterprüfung in der Orientierungsstufe, 5./6. Klasse zum Thema ›*Gradnetz der Erde*‹ im Fach WUK (Welt- und Umweltkunde) sprach ich Greenwich (den Bezirk Londons, durch dessen Sternwarte der Nullmeridian verläuft, der die Erde in eine westliche und eine östliche Hälfte teilt) vollkommen falsch aus. Statt das ›w‹ zu ignorieren, sprach ich von ›*green witch*‹, also der grünen Hexe.

Nun hatte ich in meinem Berufsleben schon viel mit Greenwich zu tun gehabt. Leider wurde der Name aber an Bord meistens falsch ausgesprochen, was sich in meinem Kopf festgesetzt hatte. Peinlich, peinlich – und das dazu noch als Englischlehrer! Die Schulrätin als Prüfungsvorsitzende wies mich aber erst nach bestandener Prüfung sehr taktvoll und einfühlsam auf meinen Aussprachefehler hin. Ihr Handeln entsprach so gar nicht ihrem Ruf, denn in Lehrerkreisen wurde sie Frau Axt genannt, auch wenn man dabei das ›t‹ hinzugedichtet hatte.

Auch sonst lief in dieser Prüfungsstunde schon von Beginn an nicht alles nach (meinem) Plan. Damit sich jeder Schüler ein Bild von dieser bedeutsamen Sternwarte machen konnte, hatte ich in der Fotoabteilung eines Supermarktes sechsundzwanzig Abzüge (Kopien) eines Fotos bestellt, fast eine Woche vor dem Prüfungstag.

Auf diesem Foto war mein Sohn Roland im zarten Alter von vier Jahren zu sehen. Sein rechtes Bein stand in der östlichen, sein linkes Bein in der westlichen Hemisphäre, dazwischen war der Nullmeridian als hell schimmernde Metallschiene zu erkennen. Den Hintergrund bildete die Sternwarte, mit dem altehrwürdigen Fernrohr als Fixpunkt des Längengrades 0 (Null).

Die Fertigstellung der Kopien verzögerte sich Tag um Tag und am Prüfungstag hatte ich lediglich ein Foto zur Verfügung. Also musste ich meine Stundenplanung flugs umstellen. Statt dass jeder Schüler auf sein Foto schauen konnte – wie im Unterrichtsentwurf geplant – ließ ich einen Stuhlkreis bilden, in dem das Foto mehrmals reihum gereicht wurde.

Die Geschichte der Festlegung des allgemein und international anerkannten Nullmeridians ist zugleich auch die Geschichte nationaler Eitelkeiten der europäischen Staaten, bevor sie sich nach siebenundzwanzig Jahren anno 1911 auf einen gemeinsamen Fixpunkt in London einigen konnten. Davor hatten etliche Länder ihren eigenen Nullmeridian.

VIII. Präsident von Europa

In puncto Eintracht und Einigkeit hatte ich es schon im Sommer 1970 zum ersten Präsidenten Europas gebracht, obwohl es zu der Zeit nur die EWG (Europäische Wirtschaftsgemeinschaft) gab.

Schon nach meinem ersten Semester an der Pädagogischen Hochschule in Hildesheim absolvierte ich mein Sozialpraktikum in einem Kinderheim in Letmathe, am Rand des östlichen Ruhrgebietes. Vor allem wollte ich in Erfahrung bringen, ob es mir Freude bereiten würde, mit Kindern zu arbeiten. Innerhalb dieses vorgeschriebenen Praktikums verbrachten alle Jungen im Alter von sechs bis fünfzehn Jahren eine zweiwöchige Freizeit in Meransen, Südtirol.

Abends, wenn unsere Schutzbefohlenen im Stroh eingeschlafen waren, kehrten die Erzieher natürlich noch gern in der Gastwirtschaft ein, die zu unserer rustikalen Unterkunft gehörte. Natürlich verbrachten dort auch einfache, nicht gerade gut bemittelte Norditaliener aus Turin, Mailand oder Genua ihren Urlaub.

Eines Abends eskalierte ein Streit zwischen den Einheimischen und den italienischen Gästen. Natürlich war der Anlass ein Wortgefecht, bei dem es um Geschichte und Politik ging. Verständlicherweise überwogen bei den Südtiroler Männern Groll und Verbitterung, wenn es um die Einverleibung und Annektierung ihrer Heimat durch Italien ging. Hässliche Wortfetzen in Deutsch und Italienisch steigerten sich zwischen beiden Gruppen.

Kurz vor dem Umschlagen dieser Auseinandersetzung in körperliche Gewalt nahm ich, bestärkt auch durch etliche Obstler und Bier, all meinen Mut zusammen, und herrschte die Streithähne sehr laut und unüberhörbar an.

»Was habt ihr davon, wenn ihr euch jetzt kloppt? Da passiert genau das Gegenteil – noch mehr Hass und Wut. Was können diese armen Schweine, die im Stroh schlafen und bei euch Urlaub machen, denn dazu, dass ihr an Italien verschachert wurdet? *Uomos, fine e conclusione, no violenza. Italia, Austria, Germania ora tutto Europa!* (Männer, Ende und Schluss. Keine Gewalt. Italien, Österreich und Deutschland sind jetzt alle Europa).«

Schlagartig wurde es für einen Moment fast still, bis ein Italiener in schallendes Gelächter ausbrach.

»*Buono parlare, giovane ragazzo! Primo presidente da Europa, ha, ha.*« (Gut gesprochen, junger Freund, erster Präsident von Europa).

Dann zog er seinen Schuh aus, goss Rotwein hinein, nahm einen Schluck daraus und reichte ihn mir herüber.

»*Salute e saluto, presidente da Europa!*«

Es schüttelt mich noch heute, wenn ich an diesen Cocktail denke: Rotwein mit einem Schuss (Fuß-)Schweiß! Aber immerhin war ich für ein paar Momente der erste Präsident Europas, den es leider bis heute nicht gibt. Nachdem ich den Inhalt des Schuhs geleert hatte, brachen alle in ein gewaltiges Gelächter aus – auch die Südtiroler.

Danach wurde noch des Öfteren auf den europäischen Präsidenten getrunken und als frisch ausgerufenes Staatsoberhaupt der VSE (Vereinigten Staaten von Europa) musste ich mehr mittrinken, als mir guttat. Am nächsten Morgen wachte ich irgendwo im Stroh der großen Scheune auf – meine Schuhe hatte ich aber noch an den Füßen.

IX. Schulhof – Weltkarte – Türkei

Eine Kollegin schlug auf einer Fachkonferenz vor, eine politische Weltkarte auf den Asphalt des Schulhofes zu pinseln. Gesagt, getan! Bei sommerlichen Temperaturen, aber viel Wind machte ich mich mit den Schülern der Projektwochengruppe ans Werk.

Mithilfe riesengroßer Folien, auf denen die Staatsgrenzen, Kontinente und die Inseln der Erde durch Punkte markiert wurden, entstand ein wahrhaft großes und buntes Gemälde von 12 x 9 Metern. Trotz der Skepsis meiner guten Kollegen von der Zunft der Kunst- und Werklehrer hielten die anfangs wunderbar glänzenden Farben nicht nur zwei Jahre, wie von ihnen vorhergesagt, sondern erreichten ein zweistelliges Alter.

Sogar bis nach meiner Pensionierung gab diese betretbare Karte genug her, um Schüler zu inspirieren und zu beschäftigen. Als ich als Ruheständler wieder einmal über den Schulhof wandelte, fiel mir sofort ein hässliches Loch im Asphalt der Weltkarte auf. Durch unsachgemäßes Abstellen eines Containers bei Reparaturarbeiten hatte die Rolle der großen Stahlkiste ein ganzes Land ›zerstört‹ – ausgerechnet die Türkei! Anscheinend schien das aber niemandem ein Dorn im Auge zu sein.

Wäre ich noch im aktiven Berufsleben gewesen, ich hätte dieses vermaledeite Loch nicht einen Tag so gelassen. Was würde doch so manch dummer Geist, der sich auch noch vermeintlich für besonders kritisch und intellektuell hielt, in dieses schwarze Loch hineininterpretieren können – vor allem dem Zeitgeist entsprechend absolut politisch korrekt.

X. Gürmännchen

Selbstverständlich wurden Schüler mit Migrationshintergrund, wie es heutzutage heißen muss, so aufgenommen und behandelt wie alle anderen Kinder auch.

So fühlte sich mein Schüler Gürman Agac nicht beleidigt, als ich ihn fragte, ob ich ihn auch mal ›Gürmännchen‹ nennen dürfe, weil er mit seinen elf Jahren ja noch kein erwachsener Mann war. Das fand er sogar ganz lustig und nicht ehrabschneidend. Gürman wurde später Profi-Fussballspieler in einem bekannten norddeutschen Verein.

XI. Skat AG – Esma

Esma hatte die Arbeitsgemeinschaft ›Skat‹ nur als Drittwunsch gewählt. Da sie ihren Erst- und Zweitwunsch wegen allzu vieler Anmeldungen nicht verwirklichen konnte, ›landete‹ sie mit drei anderen Mädchen in meiner AG. Behutsam und schrittweise brachte ich meiner AG-Gruppe dieses Kartenspiel bei, das ja nicht nur deutsche Wurzeln hat. Am Ende des Halbjahres veranstaltete ich einen Preisskat, bei dem ein 1., 2. und 3. Preis sowie ein Trostpreis für den letzten Platz des Turniers von mir ausgesetzt wurde. Zu meiner freudigen Überraschung gewann Esma den Wettbewerb. Ein türkisches Mädchen, in Izmir geboren, triumphierte in einem überwiegend von deutschen Männern bevorzugten Kartenspiel! Auch so kann Integration (und Emanzipation) funktionieren. Es erfüllt mich bis heute mit einer gewissen Genugtuung, ja, auch Stolz.

Nach einem Elternsprechtag erfuhr ich von einem Kollegen, dass es Mütter und Väter gab, die sich sehr kritisch darüber äußerten, dass überhaupt eine Skat AG stattfand. Daraufhin zählte ich Grob- und Feinlernziele bei Skatspielen auf – eine DIN-A4-Seite, von Aufpassen bis Zählen, mit verschiedenen zu trainierenden Fähigkeiten, kam dabei zustande. Wäre das Wort ›Spielsucht‹ gefallen, hätte ich darauf eine Antwort geben können. Bevor wir überhaupt mit den ersten Spielzügen begannen, hatte ich über diese Thematik mit meinen siebenundzwanzig Teilnehmern gesprochen. Aus leidvoller Erfahrung konnte ich den Mädchen und Jungen plausibel machen, dass das Spielen um Geld mich seinerzeit als Siebtklässler um einige Sümmchen meines sauer verdienten Taschengeldes erleichtert hatte. Meine Lehrmeister und Mitspieler kannten bei einer verlorenen Runde keine Gnade, bevor ich den Spieß umdrehen konnte. Ich hoffe, dass Esma später Gelegenheit gehabt hat, ihre Fähigkeiten auch im Kreis von jungen Männern unter Beweis zu stellen, wenn sie dann noch Skatfreunde getroffen hat.

XII. Doping im Sport

Jedes Spiel, in dem es darum geht, sich mit anderen zu vergleichen und zu wetteifern, hat naturgemäß Gewinner und Verlierer. Da machen sportliche Wettbewerbe in der Schule keine Ausnahme. Warum sollte genau hier, in einem existenziellen Bereich, eine Sonderstellung und ein Schutzraum walten, wie es etliche Pädagogen, die sich für besonders progressiv halten, so manches Mal fordern?

Ich hatte ein recht wirksames Mittel bei den internen Schulwettkämpfen angewendet, nichts anderes als eine altbewährte Form des Anreizes, eben die niedrigste, ungefährlichste Form des Dopings. Legal und für alle Beteiligten im Erfolgsfall ein Grund zur Freude, vor allem für die Eisdielen-Besitzer. Ich kehrte mit meinen Mädchen und Jungen, meiner Mannschaft, beim italienischen Eismann ein, um mein Versprechen einzulösen: Erreichen des Finales: eine Kugel nach Wahl, Turniersieg: zwei Kugeln.

Einerlei, ob man diese Form des Ansporns für unpädagogisch oder gar für Bestechung hielt, ich erlebte glückliche Schüler bei Ohrwürmern von Adriano Celentano und Rocco Granata aus der Musikbox. Außerdem war ich noch nie ein Pfennigfuchser oder ein kleinlich denkender Spießer gewesen. Immerhin gab es in jeder Jahrgangsstufe mindestens sechs Klassen, also fünf ›Gegner‹.

Bei den Schulturnieren maßen sich die Fünftklässler beim Turmball, wobei ein schwerer Gymnastikball von einem Kasten abgeworfen wurde. Die Sechstklässler spielten Basketball mit jeweils sechs wechselnden Spielern, dabei blieb niemand außen vor. Ob klein oder groß, schlank oder etwas pfundiger – kein Schüler musste sich bei den Wettbewerben zu-rückgesetzt fühlen.

XIII. Fachfremder Quereinsteiger

Nun war ich kein ›gelernter‹ Sportlehrer, aber nicht nur in diesem Unterrichtsfach, sondern auch in Werken, Physik und Biologie gab es keinerlei Diskussion, wenn ich auch hier fachfremd eingesetzt werden musste. So gewann ich gleichzeitig Einblicke in andere Fachwelten.

»Herr Gerner, Sie schaffen das!«, trieb mich meine Chefin an, als ich mal wieder ein Fach unterrichten musste, in dem ich selbst während meiner Zeit als Schüler der Knaben-Mittelschule III in Hannover-Linden keine Leuchte war. An der Orientierungsstufe war der Einsatz fachfremder Lehrer ein nicht zu arges Problem, in höheren Klassen und anderen Schulformen wäre das aber schon verantwortungslos, unbefriedigend, frustrierend und unerfreulich für die Lehrkraft und die Schüler.

Gerade als Klassenlehrer gewann man einen viel größeren Einblick in das Wesen eines Schülers, wenn neben den Wissensfächern auch Fächer wie Sport, Werken oder Kunst in derselben Klasse unterrichtet wurden; also Fähigkeiten erkennen, nicht nur im kognitiven, sondern auch im sportlichen und künstlerischem Bereich. Der Alleskönner ist ein äußerst seltenes Individuum. Weitergedacht: Warum kann jemand nicht Medizin studieren und möglicherweise ein hervorragender Arzt werden, nur weil sich ihm das Wesen und die Gesetze der höheren Mathematik nicht erschließen?

XIV. Sport, Rentner und La Bostella

Gleich zu Beginn meiner Lehrerlaufbahn musste ich als Vertretung aushilfsweise Sport unterrichten und teilte mir die Sporthalle an der Realschule mit einer weiteren Klasse. Sie wurde vom ›richtigen‹ Sportlehrer Herbert K. unterrichtet. Ohne diesen erfahrenen und hilfsbereiten Kollegen, der mich mit Rat und Tat bei meinen ersten Sportstunden unterstützte, wären diese wohl in einem Desaster geendet. Später, an der Orientierungsstufe (5. und 6. Klasse) unterrichtete ich dann durchgängig Sport, das Fach gehörte nun zum festen Repertoire meiner Fächer. Für Abwechslung und Gestaltung meiner Stunden halfen mir auch sehr Anleitungen in den Büchern, die ich mir bei meinen Besuchen in der DDR besorgte. In diesem Fachbereich waren unsere Landsleute ›drüben‹ einfach besser.

An meiner zweiten Stelle, der OS Harenberger Straße im Stadtteil Limmer, hatte ich bei meinen Übungen und Spielen auf dem Schulhof immer ein kritisches Publikum. Mindestens zwei Dutzend Rentner begutachteten das muntere Treiben. Bei Mannschaftsspielen fiel auch schon mal der Ruf ›Schiedsrichter, Telefon!‹ oder ›Blindgänger, haste das Foul nicht gesehen?‹. Ich überhörte geflissentlich die Kommentare, freute mich aber insgeheim über die rege Anteilnahme der älteren Herrschaften.

So oft es das Wetter erlaubte, hielt ich bevorzugt meine Sportstunden unter freiem Himmel ab. Ansonsten begann ich meinen Unterricht mit Musik vom Plattenspieler, zumal wenn Sport in die erste Stunde fiel. Frühmorgens, wenn meine Adepten sich noch den Schlaf aus den Augen reiben mussten, legte ich ›*One for You, One for Me*‹ oder den neuesten Modetanz ›*La Bostella*‹ auf. Konnte beim ersten Song jeder nach Gutdünken hüpfen, springen und sich um die eigene Achse drehen, so mussten beim Modetanz Schritte, Körper-, Hand- und Armbewegungen in einem großen Kreis einstudiert werden.

Bei meinen Ansagen und Aufforderungen entgingen mir natürlich nicht die missbilligenden Mienen und Blicke der Jungen, während die Mädchen diese Morgentänze gar nicht so doof fanden und offensichtlich solchem Einstieg in den (Schul-) Tag nicht abgeneigt waren. Spätestens bei Chubby Checkers ›*Let's Twist Again*‹ hellten sich auch die Schnuten der Jungs auf und alle drehten ihre Beine und Füße zum Takt des Ohrwurms.

XV. Orientierungslauf – Suchlauf und Reifenrollen

Neben den rein sportlichen Wettkämpfen wie Völkerball, Fußball, Korbball, Staffelläufen, Turnen, Turm- und Basketballturnieren – mit und ohne ›Doping‹ – fand in beiden Klassenstufen 5 und 6 ein Orientierungslauf statt. Die Klassen wurden in Gruppen zu fünft oder sechst aufgeteilt und jede Mannschaft musste über ein Dutzend Stationen anlaufen, bei denen sportliche oder meist geografische Aufgaben gemeinsam durchgeführt oder gelöst werden mussten.

Zur Orientierung genügte eine Karte mit Start und Ziel und den wichtigsten topografischen Angaben. Veranstalteten wir diesen Lauf zuerst im Deister (nördlichstes Mittelgebirge, circa fünfundzwanzig Kilometer lang, vierhundertfünf Meter hoch), so blieb im Laufe der Jahre dann nur noch eine Hälfte des Benther Bergs (eine eiszeitliche Endmoräne, einhundertvierundsiebzig Meter hoch) vor den Toren der Stadt übrig. Da nach jedem Lauf die Anzahl der Schüler größer wurde, die sich im Deister und später am Benther Berg auf den Wegen und im Wald verirrten, sahen wir (die Sportlehrer) uns gezwungen, den Aktionsradius des Orientierungslaufs peu à peu zu verkleinern. Die Suchaktionen, um die umherirrenden Schülergruppen aufzuspüren und einzufangen, waren immer aufwändiger geworden und zogen sich zuweilen bis zum späten Nachmittag hin. Beim Wiederauffinden atmeten nicht nur die Lehrer auf, sondern vor allem die besorgten Eltern.

Bei einer Station mussten fünf ausgediente Reifen durch ein kleines Waldstück gerollt werden. Als ich den Parkplatz am Rande des Waldes erreichte, um meine Gummi-Puschen zu entladen und meine Station zu besetzen, wurde ich gleich aus drei Fenstern eines anliegenden Hauses auf das Übelste beschimpft.

»Verzieh dich, du Penner, mit deinen Gummis!«, »Dies ist kein Müllabladeplatz!«, »Ich ruf die Polizei!«.

Es dauerte eine Weile, bis ich den Anwohnern meine Aktion erklären und plausibel machen konnte. Als alle Schülergruppen das Reifenrollen beendet hatten, übrigens ganz ohne Wehklagen bei strömenden Regen, konnte ich in den Hausfenstern die drei Blockwarte erkennen, als ich meine verdreckten Reifen wieder im Auto verstaute. Natürlich empfand ich eine klammheimliche Freude, wenn ›meine‹ Klasse bei den Wertungen an vorderster Stelle lag. Ich hatte aber auch ansatzweise eine Vorstellung davon bekommen, was es bedeutet ›Trainer‹ zu sein.

XVI. Backe, backe Kuchen und der Schulrat

An einem späten Nachmittag hockte ich in der Sprunggrube des Sportplatzes in Freiburg/Elbe und schaufelte feinsten Kiessand in ein großes Aquarium. Als die zum Training antrabenden Fußballspieler des 1. FC Freiburg mich erblickten, drangen nicht gerade freundliche Sätze an meine Ohren.

»Guck mal, ist da nicht der Lehrer vonne Realschule?«

»Wat macht der denn inner Grube?«

»Nu sind die Pauker auch schon durchgeknallt.«

»Backe, backe Kuchen, die Eier musst du suchen!«

Ich ließ mich nicht beirren, auch nicht, als mittlerweile fast ein Dutzend jüngere Männer meine Aktion, halb staunend, halb ungläubig kommentierten.

»Nu sach ma, wat schall dat wern?«

»Dat is een Querschnittsmodell, brouk ick för 'ne Erdkunde Stünd. Ganz unnen is Braunkohle, dann kümmt normale Erde un oben drop en Dörp! De Kinners schallen utfindich mouken wie man an de Braunkohl kümmt!«

Kopfschüttelnd zogen die Kicker auf den Platz und verstanden die Welt nicht mehr. Der Schulrat hatte sich angemeldet, weil ich mich versetzen lassen wollte. Zur Begutachtung musste ich also zwei Unterrichtsstunden halten, die benotet wurden. Im Fach WUK (Welt- und Umweltkunde) stand im Lehrplan das Thema Bodenschätze. Was lag also näher, als die brachiale Gewinnung und Förderung anhand eines Modells zu demonstrieren. Nachdem die Schüler viele Löcher bis zur Braunkohle (im Modell dunkler Torf) gebohrt und dabei erlebt hatten, wie diese Gänge sich immer wieder mit Sand füllten, kam eine plietsche Deern auf den Punkt: »Dann muss man eben das ganze Dorf und die Erde über der Braunkohle wegmachen!«

»Bingo! Lernziel erreicht, Methode Versuch und Irrtum erfolgreich, Herr Schulrat, dafür können Sie mir keine schlechte Note geben.«

Nun, seine schriftlich begründete Benotung fiel dann erwartungsgemäß gut aus, obwohl er gegenüber der Schule und mir einen gehörigen Groll hegte. Im Laufe seiner Amtszeit musste er einige Lehrerehepaare auf getrennte Stellen versetzen und neu besetzen. Verheiratete und dann geschiedene Kolleginnen und Kollegen passten natürlich nicht in einer Lehrer-Mannschaft zusammen.

Bei unserem ersten Gespräch, Jahre zuvor, erwähnte ich beiläufig, dass ich vor meiner Paukerzeit bei der ›Christlichen Handelsmarine‹ war und nicht bei der Kriegsmarine, die andere Menschen ins Jenseits befördert. Was für ein kapitaler Fehler! Danach herrschte ein ziemliches Polarklima zwischen uns. Später erfuhr ich den wahren Grund seiner offen zutage getretenen Abneigung mir gegenüber: Schulrat L., der kurz vor der Pensionierung stand, hatte es im letzten Kriegsjahr bei der Nazi-Marine bis zum Kaleu (Kapitänleutnant) geschafft und ein U-Boot befehligt.

XVII. Englisch für Anfänger

Später, als ich in der OS Englisch unterrichtete, begrüßten die Sechstklässler die neu hinzugekommenen ehemaligen Grundschüler. Die neuen Fünftklässler wurden dann mit den drei Strophen des Shantys ›*My Bonnie Is Over the Ocean*‹ empfangen. Es machte dem Chor ganz offensichtlich Spaß, mit ihren frisch erworbenen Fremdsprachkenntnissen den Neuankömmlingen zu imponieren.

Auch ich verspürte eine wahrhaftige Freude, wenn ich meine Lernenden in den ersten Stunden ermunterte, ohne Bangen schon kurze Fragen und Sätze in Englisch anzuwenden. Da half mir vor allem meine ›*Magic Box*‹, aus der ich allerlei kleine und große Tiere hervorzauberte. Das konnten dann ab der dritten Stunde auch schon die Schüler. Ich setzte mich in die hinterste Ecke des Klassenraums und griff nur dann ein, wenn Aussprachefehler zu korrigieren waren. Als dabei meine Chefin kurz in den Unterrichtsraum kam, um mich wegen einer bürokratischen Angelegenheit zu sprechen, entfuhr ihr gleich ein ungläubiges »Wo ist denn euer Lehrer?!«

Ich stand schmunzelnd auf und rief laut »*He's sitting in the corner!*«, und die Klasse wiederholte den Satz im Chor. Glücklicherweise erschien sie nicht zu dem Zeitpunkt, als ein Junge einen Hund und eine Katze hochhielt.

»*What's this?*«, fragte er.

»*It's a dog*«, antworteten alle, »*it's a cat.*«

Danach zeigte er ganz eindeutig, wie beide, Hund und Katze, heftig kopulierten.

»Das muss ja wohl jetzt nicht sein, Florian!«

»Wieso, der Hund schiebt doch nur die Katze vor sich her, die kann nicht mehr richtig laufen und Bello hilft ihr.«

»Du kannst gern noch mehr Witze erzählen, aber andere!«

XVIII. Die ersten Smoothies

Wie in vielen anderen Lebensbereichen, so unterstützte mich auch die Musik beim Kommunizieren und Vermitteln der englischen Sprache. Aktuelle Hits wie ›*Lemon Tree*‹, ›*I'm a Big, Big Girl*‹ oder ›*Be Happy*‹ mit ihren einfachen und zuweilen einfältigen Texten gehörten zu meinem Unterrichtsrepertoire. In der Adventszeit schmetterten die Jungs und Mädchen auch gern aus voller Brust ›*He's Got the Whole World in His Hands*‹ oder ›*Go, Tell It on the Mountain*‹, frei nach dem Motto: Dort, wo man singt, da lass dich nieder, böse Menschen haben keine Lieder! Einmal gab es eine mittlere Katastrophe, als wir eigenwillige neuartige Getränke im Unterricht zusammen mixten, so eine Art Vorläufer der heutigen Smoothies. Während der Vorbereitungen mit den verschiedenen Säften und Früchten war es verpönt, sich auf Deutsch zu verständigen, was dann auch zu diversen, höchst kreativen Getränkekompositionen führte, deren Geschmack mitunter ziemlich gewöhnungsbedürftig war und nicht allen mundete. Nun gut, das konnte man unter ›*trial and error*‹ (Versuch und Irrtum) verbuchen.

Weitaus bedenklicher erwies sich nach dem großen Mixen der Zustand der Stühle und Tische, der Gesichter und Hände meiner Schüler. Alles klebte, wobei der Klebstoff auch noch in den verschiedensten Farben schillerte. So konnten wir den Klassenraum unmöglich hinterlassen. Ich opferte die Hälfte der folgenden WUK-Stunde dem Thema ›*Ökologisches Reinigen von Obst- und Fruchtsäften an Körper, Kleidung und Mobiliar*‹.

XIX. Der Opa vom Opa, der ein Fisch war

Das fächerübergreifende Fach Welt- und Umweltkunde (WUK) war eine der wenigen fortschrittlichen Neuerungen des Unterrichts in den beiden Jahrzehnten vor der Jahrtausendwende. Nur in der Orientierungsstufe, Klasse 5 und 6, wurden historische, geographische und soziale Aspekte bestimmter Themen behandelt, wobei zumindest einer der drei Bereiche einen Schwerpunkt bildete.

So zum Beispiel beim Thema ›*Die alten Ägypter*‹. Wann war das? Wo? Wie lebten die Menschen? Vor allem die Jungen hätten gern das alte Ägypten erlebt, wurde doch dort in den Lehrstätten Bier gegen den Durst getrunken. Der Besuch des Landesmuseums gehörte naturgemäß unbedingt zu diesem Unterrichtsfach. Praktischerweise konnte dabei auch gleich das Neue Rathaus in Hannover angesteuert werden. Im Museum veranschaulichte ein großes Diorama die Entwicklung des Lebens auf der Erde, angefangen von den ersten Meereslebewesen bis zum Homo sapiens. Nun erfordert der Begriff ›Alter‹ bei der Vermittlung und Veranschaulichung für die Kinder, die gerade die Grundschule absolviert haben, doch ein gewisses Maß an Überlegung und Fantasie.

»Jetzt habt ihr doch fast ganz am Ende dieses großen Glaskastens die ersten Fische gesehen, die vor Millionen von Jahren zum ersten Mal im Meer schwammen. Stellt euch mal vor, dass euer Opa ja auch einen Opa hatte und der hatte ganz, ganz viele Opas davor, dann wisst ihr, was das Wort Alter bedeutet. Was ihr hier seht – die ersten Meeresbewohner, die ersten Krokodile, die Menschenaffen und selbst der aufrecht gehende Mensch – das liegt alles so weit zurück, dass der Mensch von heute, also der Homo sapiens, sich solch eine lang zurückliegende Zeit gar nicht vorstellen kann.«

Als ich meinen kleinen Vortrag beendet hatte, baute sich Nilay, ein munteres, stets fröhliches Mädchen, vor mir auf, schüttelte den Kopf und teilte mir mit: »Wenn ich heute nach Hause komme und meiner Mama erzähle, dass der Opa vom Opa ganz früher mal ein Fisch war, das wird sie mir nicht glauben!«

Da hatte ich wohl doch nicht die richtigen Worte getroffen, um den Kindern das Wort ›Alter‹ begreiflich zu machen. Wahrscheinlich war Nilay aber auch nur ganz einfach abgelenkt worden oder hatte sich mit ihrer Freundin unterhalten.

XX. Hühnergräber

In der nächsten Abteilung ›*Heimatliche Frühgeschichte*‹ waren die sieben Steingräber der Lüneburger Heide aufgestellt, natürlich nicht im Original, sondern aus Styropor und Pappmaché.

»Weil diese Steine so groß und schwer sind, werden sie auch Hünengräber genannt. Man konnte sich nicht vorstellen, dass Menschen von normaler Größe diese Brocken bewegen konnten. Es mussten also sehr große Menschen diese Gräber gebaut haben. Früher glaubte man noch daran, dass nur riesige Menschen, nämlich Hünen, das schaffen konnten. Aber wie auch beim Bau der Pyramiden kannten sie hier schon vor über zweitausend Jahren einige Tricks, um diese Felsbrocken zu befördern, zum Beispiel mithilfe vieler runder Baumstämme. Trotzdem wissen wir heuten nicht ganz genau, wie diese Gräber entstanden sind.«

Als ich mit meinen Erklärungen fertig war, stand Nilay wieder vor mir, bewegte ihren Kopf hin und her und dann platzte es förmlich aus ihr heraus:

»Das kann ich gar nicht verstehen, dass die Menschen damals so große Gräber für ihre Hühner gebaut haben, sie müssen sie bestimmt sehr verehrt haben.«

»Ich erkläre dir das noch einmal, wenn wir in der Schule sind, dann musst du aber auch gut zuhören, ein Hüne hat nichts mit einem Huhn zu tun.«

»Doch, ein Huhn hat auch nur zwei Beine.«

XXI. Tyrannosaurus rex

Zu jeder WUK-Stunde, in der es bei dem Unterrichtsthema auch um einen historischen Hintergrund ging, ließ ich eine Zeitleiste anfertigen, auf der dann das jeweilige Geschehen korrekt eingeordnet wurde. Das Zeit- und Geschichtsverständnis musste sich bei 11- bis 13-jährigen erst einmal entwickel

»Ich habe mal einen Film gesehen, da fraßen die schrecklich großen Dinosaurier, die hießen Türranno oder Rex, wie unser Schäferhund, ganz viele Menschen auf.«

»Wo gibt es die denn, da möchte ich aber nicht hin.«

Solche oder ähnliche Aussagen bestärkten mich immer wieder in meinem Bemühen, bei den Kindern eine korrekte Zeiteinordnung zu entwickeln.

XXII. Köpfe, Sonne, Globus

Fragt man einen Durchschnittsbürger, was es mit den Jahreszeiten auf sich hat, ist man über die Erklärungsnot mancher Zeitgenossen doch sehr verwundert. Was also lag näher, es meinen Schülern so anschaulich zu erklären und vorzuführen, dass sie ihr Leben lang ihre Lehrer und ihre Schule mit ihrem Halbwissen oder gar Ahnungslosigkeit nicht blamierten.

Die Kenntnisse konnten sich am besten verfestigen, wenn jeder einmal die Sonne und einmal die Erde spielte. Also musste jeder einmal als Globus um den Kopf (die Sonne) eines Mitschülers kreuzen und dabei die Schrägstellung der Erdachse tunlichst beibehalten.

Der Kopf (die Sonne) wurde mit einer starken Taschenlampe im dunklen Filmraum bestückt. Es gab anfangs immer die Schwierigkeit, den Globus, also die Kugel, schräg zu halten, wenn er die kreisrunde Bahn der Erdumlaufbahn vollführte. Auf die vorhandenen kleineren Abweichungen wurde bewusst verzichtet.

»Da oben um den Nordpol kommt ja gar kein Licht an, auch wenn sich die Erde einmal um sich selbst dreht und unten in der Antarktis scheint die Sonne die ganze Zeit, dann kann das ja nur bei uns der Winter sein.«

Wenn die Schüler solche Erkenntnisse erlangten und aussprachen, dann war es wieder der Moment, der ein Lehrerherz höherschlagen ließ. Dafür mussten auch schon mal zwei Stunden herhalten, bis alle wussten ›Wie entstehen Tag und Nacht‹, ›Warum gibt es bei uns Jahreszeiten?‹, ›Warum geht die Sonne im Sommer früher auf und später unter?‹

»Ja, und wenn die Erde aufhört, sich zu drehen und die Sonne zu umkreisen?«

»Wenn aber doch…?«

XXIII. Die Bahn und das Atrium-Haus

In Hildesheim gibt es viele Möglichkeiten, den Heranwachsenden Geschichte näher zu bringen. Es gibt den Dom aus dem frühen Mittelalter, die Kirche St. Michael aus dem 11. Jahrhundert, das Roemer-Pelizaeus-Museum mit einer umfangreichen ägyptischen Sammlung und auch das wiederaufgebaute Knochenhaueramtshaus, einst der bedeutendste Fachwerkbau Deutschlands. Der Wahnsinn des Bombenkrieges erschließt sich den Menschen auf großen Schwarz-Weiß-Fotos im Rathaus der Stadt, die Ende März 1945 fast vollständig von britischen Bombern zerstört wurde. Erstaunlicherweise waren nur wenige Schüler in Hannovers Nachbarstadt gewesen, das musste ich also ändern und besuchte deshalb mehrmals die sehenswerten Bauten und die alten Ägypter im Museum mit den Klassen, in denen ich WUK (Geschichte) unterrichtete.

Einmal fuhren wir zu einer Werkstatt-Veranstaltung (neudeutsch: Workshop) in den historischen Gemäuern des Knochenhaueramtshauses. Hier bastelten meine Schüler ein individuell gestaltetes römisches Atriumhaus, wobei mal wieder überwiegend die Mädchen die fantasievollsten, wunderbarsten Gebäude erschufen, wenn auch nur aus Papier und Pappe. Als wir wieder mit der Bahn in Hannover angekommen waren, schluchzte Melanie ganz herzergreifend.

»Mein schönes Römerhaus – es ist nicht mehr da.«

»Ja, hast du es im Knochenhaueramtshaus gelassen?«

»Nein, im Hildesheimer Bahnhof hatte ich es noch«.

Sofort machte ich mich daran, einen Bahnuniformträger zu informieren. Ein jovialer, gemütlicher, nicht ganz schlanker Mann mit rotem Band an der Mütze tröstete Melanie – und mich.

»Das kriegen wir schon hin.« Flugs nahm er in seinem Bahnsteigkabuff den Telefonhörer in die Hand und kam nach drei Minuten freudestrahlend aus seinem Häuschen.

»Das Haus hat sich angefunden, müsst aber noch eine gute Stunde warten, bis der nächste Zug mitsamt eurem Römerhaus ankommt.«

Der gute Bahnmann ließ Melanie noch an sein Telefon, damit sie ihren Eltern die Verspätung melden konnte. Als dann nachher eine flotte Zugbegleiterin mit dem Papphaus aus dem Zug stieg, konnte ich in ein freudestrahlendes Mädchengesicht schauen. Ob das Modell noch heute existiert und vielleicht schon Melanies Enkelkinder damit spielen?

XXIV. Wasser und der schlimme Lehrer

Notgedrungen musste ich in meiner Klasse Physik unterrichten, ein Fach, das mir aus meiner eigenen Zeit als Pennäler nicht in bester Erinnerung geblieben war. Als ich einmal das Hebel-Gesetz korrekt wiedergab, erntete ich beim damaligen Physiklehrer weder Lob noch Tadel, sondern nur Nichtbeachtung. Daraufhin hielt sich meine Begeisterung und Anteilnahme für dieses Fach an der Mittelschule in Grenzen. Noch heute weiß ich, dass die Formel ›Kraft mal Kraftarm gleich Last mal Lastarm‹ richtig zitiert, aber nicht beachtet wurde.

Nun hatte der Fachleiter Günter L. im Laufe seiner Amtszeit dafür gesorgt, dass bei den jährlichen Schulhaushalten immer ein nicht geringer Brocken dem naturwissenschaftlichen Unterricht zu Gute kam und genügend Materialien für Schülerversuche und Experimente zur Verfügung standen. In fast jeder Stunde war es möglich, die Motivation und die Neugier der Schüler zu wecken, wenn sie selbst eigene Experimente und Versuche durchführen konnten. Der hilfsbereite Kollege, ein Berufsquereinsteiger, aber mit Lehramtsstudium, unterstützte mich als Fachquereinsteiger ganz vorbildlich. Als Physik- oder Chemielehrer trägt man ja ein hohes zusätzliches Maß an Verantwortung für Leib und Leben der Schüler im Unterricht. Daher gehörten auch äußerste Disziplin und Wachsamkeit beim Unterricht zum obersten Gebot.

Als ich den Versuch ›Wie heiß kann Wasser werden?‹ durchführen wollte, erschien mir der Schüler Jörg doch recht schlaff und müde. Ich ging mit ihm zum Waschbecken, drehte den Wasserhahn auf und gab ihm zu verstehen, dass ich bei unserem bevorstehenden Experiment keinen Unfall riskieren wollte und kein Schüler mit verbrühtem Gesicht im Krankenhaus landen sollte. Allein die Vorstellung, nun eine kalte Dusche über den Kopf und das Gesicht zu bekommen, ließ ihn augenblicklich wieder putzmunter werden.

»Is' schon gut, bin wieder frisch und mach auch keinen Mist!«

Natürlich hatte ich nicht seinen Kopf unter das fließende Wasser gehalten, aber noch Jahre später wurde das Gerücht verbreitet: »Der Gerner ist ein ganz strenger, knallharter Knochen, der macht die Schüler nass, wenn sie zu müde sind!«

Im Nachhinein stelle ich mir aber doch die Frage, warum ich diese drakonische Strafaktion angedeutet hatte. Wahrscheinlich spukte in meinem Kopf noch die dritte Strophe vom Shanty ›*What Shall We Do With a Drunken Sailor?*‹ herum, bei dem ein Wasserstrahl den Seemann wieder munter machte.

Anschließend erhitzten je zwei Schüler mithilfe eines Teclu-Brenners (Gaskocher, Bunsenbrenner) ein Glas Wasser und maßen in Abständen von fünfzehn Sekunden die Temperatur. Als das H2O zu sprudeln begann, gerieten die Schüler fast in Panik – wie es vorauszusehen war, aber einkalkuliert.

»Ruhig bleiben, Brenner nicht ausmachen, weiter Temperatur ablesen, nicht herumzappeln!«

»Aber es brodelt immer noch!«

»Egal, fünfzehn Sekunden sind wieder vorbei, Temperatur messen!«

»Das Thermometer bleibt aber bei hundert Grad stehen!«

»Eine Minute noch, dann stoppe ich die Gaszufuhr. Verbindet eure Temperaturpunkte auf eurer Skala.«

»Ab hundert Grad geht die Kurve nicht weiter nach oben.«

»Was lernen wir daraus?«

»Wasser kann nicht heißer als hundert Grad werden!«

So machte Unterricht Spaß – ein Erfolgserlebnis für Lehrende und Lernende, neudeutsch: *Learning by doing!*

XXV. Knall und Rauch

Beim Thema Elektrizität passierte das, was zur Physik auch dazugehört: Knall und Rauch. Um zu zeigen, wie sich ein Metalldraht verhält, wenn er unter Strom steht, erhöhte ich langsam die Stromstärke, bis das dünne Kupferkabel zum Glühen kam, ein schönes Schauspiel im verdunkelten Physikraum. Leider konnte ich es nicht unterlassen, noch ein wenig mehr die Voltzahl zu erhöhen. Nun leuchtete der Draht stärker, plötzlich gab es einen gut hörbaren Knall und verschiedene Drahtteilchen zerstoben in alle Richtungen. Glücklicherweise wurde kein Schüler getroffen!

Ich hatte damit gerechnet, dass der Draht nur zusammenfallen würde, aber spätestens, als es schon bedenklich anfing zu stinken und sich leichter Rauch entwickelte, hätte ich die Stromzufuhr stoppen müssen. Bis zum Ende meiner Dienstzeit an dieser Schule mahnte mich ein hässlicher schwarzer Fleck an der weißen Decke an meiner Leichtsinnigkeit und an den kleinen Teufel, der mich da wohl geritten hatte.

XXVI. Goldzahn und Lehrer-Umfall

Welches Metall leitet den Strom am besten? Nachdem fast die ganze Palette verschiedener Metalle genannt worden war, fragte Gürmännchen: »Leitet Gold auch?«

»Ja, auch Gold, sogar am besten von allen Metallen.«

»Ich habe gesehen, dass Sie hinten im Mund ein paar Goldzähne haben, können wir das mal ausprobieren?«, schlug Baris, Gürmans Freund, vor.

»Na klar, machen wir.«

Ich öffnete weit meinen Mund, Baris befestigte zwei kleine Klammern, die am Ende zweier isolierter Leitungen steckten, an meiner goldenen Brücke im linken Unterkiefer.

»Aber nur langsam den Strom anstellen, nicht über sechs Volt!«

Das zwischengeschaltete Lämpchen leuchtete hell auf und just in dem Moment, in dem ich mich über das gelungene Experiment freute, traf mich der Schlag! Hatte der Lorbass (ostpreussisch für Lümmel) doch den Strom verstärkt und ich bekam diesen ›Stromschlag‹ in der Mund- und Zahnregion, besonders stark und schmerzlich, auch wenn die Übungsgeräte nicht über vierundzwanzig Volt hinausgingen. Ich fiel also buchstäblich vom Hocker und urplötzlich wurde es für einen Augenblick seltsam still. Als ich mich aber wieder berappelte und mich nicht verdrießlich dreinschauend der Klasse zuwandte, erscholl ein munteres, befreites Lachen etlicher Schüler. Baris stammelte nur: »Das habe ich nicht gewollt, Entschuldigung!«

»Schon gut, da könnt ihr mal sehen, dass mit Strom nicht zu spaßen ist!«

Jahre später traf ich zufällig den Übeltäter an einem Kiosk.

»Na, haben Sie noch ihre Goldzähne?«

»Klar doch, aber nicht mehr zum Experimentieren.«

XXVII. Geplatzte Schweine

Beim Physikunterricht gewannen nicht nur die Schüler naturwissenschaftliche Grundkenntnisse, ich profitierte ebenfalls davon, wenn es um ganz praktische Tätigkeiten in Haus und Garten ging. Im Fach Werken kamen mir so manche handwerklichen Verrichtungen zugute, auch wenn ich durch mein berufliches Vorleben kein Mensch mit ›zwei linken Händen‹ war.

Beim Bearbeiten von Ton und Holz lag das Hauptaugenmerk vor allem in der Vermeidung von Unfällen und Verletzungen. Ob nun ein ›Handschmeichler‹ oder ein Sparschwein entstehen sollte, so war ich doch immer wieder überrascht, wie präzise und akkurat die Mädchen arbeiteten. So musste ich mein gesellschaftlich geprägtes Vorurteil, dass Jungen handwerklich begabter seien, begraben und ad acta legen. Niemand ist perfekt – Lehrer sind davon nicht ausgenommen. Nachdem meine Werkgruppe (Klassenhälfte) fantasievolle und lustige Sparschweinchen angefertigt hatte, versäumte ich es vor dem Gang zum Brennofen bei allen Exemplaren auf den Schlitz zu achten und übersah drei fehlende Geldeinwurf-Schlitze.

Als ich den Brennofen öffnete, bot sich mir ein katastrophales Bild: Drei Schweinderl waren einfach nicht mehr vorhanden, sie waren schlichtweg geplatzt und hatten dabei auch teilweise die anderen bunten, runden Schweinchen beschädigt. Ich tröstete die Töpfer und Töpferinnen, auch mit dem Eingeständnis meiner mangelhaften Kontrolle und wir wiederholten unsere Schweinekreationen. So kamen einige noch zu einem zweiten Sparschwein.

XXVIII. Lack und Terpentin

Während einer Pausenaufsicht erspähte ich einen wichtig dreinblickenden Mann mittleren Alters auf dem Schulhof. Auf meine Frage nach dem Woher und Warum bekam ich die knappe Antwort: »Bin von der Stadt, schau mich mal um.«

»Das trifft sich gut. Haben Sie schon die maroden Fenster und die Tür gesehen? Die müssen unbedingt gestrichen werden, sonst sind sie spätestens im nächsten Jahr total vergammelt!«

Er blickte mich missbilligend an.

»Das müssen Sie uns schon überlassen!«

Danach beschwerte sich dieser arrogante Mensch von der Stadtverwaltung bei meiner Chefin darüber, dass ich ihn auf die heruntergekommenen Fenster und die Tür zum Schulhof aufmerksam gemacht hatte. Nun, in jenem Jahr und im darauffolgenden geschah nichts. Da entschloss ich mich, zur Selbsthilfe zu greifen.

»Kinners, heute streichen wir die beiden Außentüren an, die zum Schulhof und die zur Straße.«

Das begeisterte Echo der Schüler klingt mir noch heute in den Ohren. Aber schon als meine Maler die Türen gereinigt und mit Vorstrichfarbe angepinselt hatten, überkamen mich die ersten Zweifel. Vielleicht war diese Arbeit doch eine Überforderung für die 11- bis 12-Jährigen?

Ich musste nach vollendetem Schülerwerk über eine Stunde aufwenden, um die Kleckse vom Boden zu wischen und ungenaues Arbeiten an den Türpfosten zu korrigieren. Nach dem Auftragen der klebrigen Kunstharzfarbe konnte mir nur eine große Dose Terpentin helfen, alle Stellen, an die keine Farbe hingehörte, vom Lack zu befreien. Dafür brauchte ich nochmals mehr als eine Stunde. Den letzten, dritten Anstrich übernahm ich lieber gleich selbst. Immerhin erstrahlten jetzt, im Gegensatz zu den unansehnlichen Fenstern, die Türen in einem weißen

Glanz! Aber für die nächsten Jahre blieb das meine einzige Aktion in Sachen Maler-Selbsthilfe an der Schule mit Kunstharzlack. Bei Klassenraum-Anstrichen brachte ich mich weiterhin ein, hatte man es doch mit wasserlöslichen Dispersionsfarben zu tun.

Zu guter Letzt: Ein Jahr später rückte ein großer Trupp von Handwerkern an, um die schon morsch gewordenen Fenster zu erneuern. Wie viel hätte die Stadt als Schulträger sich bei einem rechtzeitigen Anstrich ersparen können!

XXIX. Aufklärung

Als ich in Biologie einspringen musste, hatte ich es gleich beim ersten Unterricht mit einer besonderen Herausforderung zu tun. Das Thema Aufklärung erforderte ein gehöriges Maß an Fingerspitzengefühl, waren doch die Mädchen und Jungen im Schnitt gerade mal zwölf Jahre alt. Die Zeit, in der der Aufklärer der Nation, Oswald Kolle, angefeindet und als Volksverderber hingestellt wurde, lag noch nicht sehr weit zurück. Mittlerweile hatte sich in den achtziger Jahren glücklicherweise in der Gesellschaft eine liberalere und unverkrampftere Einstellung zur Sexualität verfestigt.

Trotz alledem war mir bewusst, dass bei diesem Thema – zu meiner Schulzeit totgeschwiegen – auch und gerade den Eltern eine besondere Rolle zukam. Schließlich kann Schule nicht alles übernehmen, was in besonderem Maße auch Aufgabe von Mutter und Vater ist. Also band ich einige Mütter in den Unterricht ein und war froh darüber, als Lehrer und als Mann den Mädchen die richtige Anwendung von Tampons nicht erklären zu müssen, während ich den Jungs den Gebrauch von Kondomen veranschaulichte. Natürlich fielen etliche obszöne Ausdrücke, ausschließlich von den Jungs, trotz meiner Ermahnung zu Beginn des Unterrichtsthemas, es damit nicht zu übertreiben. Oft überhörte ich aber nicht allzu laut ausgesprochene ordinäre Worte.

Wie dumm und unverständlich hatten sich die Generationen zuvor verhalten, indem sie die jungen Menschen bei diesem existenziellen Thema ganz allein ließen!

Nach der Aufklärung beschäftigten mich und die Schüler die Pflanzen im Wald, Feld und Flur, Getreide- und Baumarten. Das Thema sagte mir denn doch mehr zu, hatte ich schon als Kind manchmal den ganzen Tag in der Natur verbracht, in einem Dorf in der Lüneburger Heide.

XXX. Verkehrstag

Ja, und um das richtige Verhalten im Straßenverkehr muss sich die Schule ebenfalls kümmern. Dafür waren im Lehrplan zwanzig Stunden vorgeschrieben, die von den üblichen Unterrichtsfächern irgendwie ›abgezwackt‹ werden mussten. Da der jeweilige Klassenlehrer für die Einhaltung dieser etwas anderen Stunden verantwortlich war, konnten die Verkehrsunterrichtsstunden in der Regel nur dann abgehalten werden, wenn der Klassenlehrer mehrere Fächer in der Klasse unterrichtete.

Das führte natürlich zu mancherlei Streitigkeiten. Kein Lehrer wollte Stunden für den Verkehrsunterricht hergeben. In fast allen Fächern, insbesondere in Deutsch, Mathematik und Englisch, gab es schon Schwierigkeiten, das geforderte Jahrespensum mit vier Wochenstunden zu schaffen.

Als mir das Amt des Verkehrsobmanns aufgebürdet wurde, machte ich dem Gezänk ein Ende und führte pro Halbjahr einen ganztägigen Verkehrstag ein, bei dem uns auch die Verkehrswacht und die Polizei unterstützte. Glücklicherweise kam es während meiner Dienstzeit zu keinem nennenswerten Unfall im Straßenverkehr, bei dem einer unserer Schüler zu Schaden gekommen wäre.

Als einmal wieder ein Verkehrstag, Hauptthema ›*Mit dem Fahrrad unterwegs*‹, zu Ende ging, schwangen sich die Schüler auf ihre Räder und traten die Heimfahrt an. Ich hatte mich im ersten Stock mit meiner Super-8-(Schmalfilm-)Kamera in Position gebracht und beobachtete die Schüler und das Geschehen auf der Straßenkreuzung vor der Schule. Größtenteils hielten sich unsere Schüler an die Vorschriften und Regeln, die sie gerade am Vormittag gelernt oder aufgefrischt hatten.

Es blieb aber nicht aus, dass sich manche Jungs nicht mehr um korrektes Verhalten bemühten, vor allem, wenn sie im Pulk fuhren. Darauf hatte ich geradezu gelauert und bollerte mit sehr lauter Stimme los: »Ihr fahrt wie die ersten Menschen, haben wir dafür heute Verkehrstag gehabt?! Wir sprechen uns noch!«

Sie hielten abrupt an, schauten in die Richtung, aus der meine Standpauke kam und erblickten mich mit der Kamera, die ich hin und her schwenkte.

»Der hat uns auch noch gefilmt, das gibt Ärger.«

Sie stiegen mit gesenktem Haupt wieder auf ihren Drahtesel und fuhren hübsch hintereinander nach Hause. Ich bin kein Befürworter überzogener strenger Regeln oder gar Strafen, aber hierbei ging es um Leib und Leben unserer Schutzbefohlenen, da darf ein Lehrer auch mal richtig laut werden!

XXXI. Genie und Wahnsinn

Zu guter Letzt fällt mir noch ein Fach ein, dass ich nur für kurze Zeit in der 10. Klasse unterrichtete: Kunst und technisches Zeichnen. Nun war und bin ich kein Kulturbanause, aber nachdem mir diese merkwürdige Fächerkombination aufgedrängt worden war, musste ich als Kunstlaie das Beste daraus machen und einen eigenen Lehrplan entwickeln. Also begann ich mit perspektivischem Zeichnen und lernte dabei auch die Malergenies kennen, die sich dieser Technik schon seit jeher bedient hatten, wenn es darum ging, räumliche Effekte zu erzielen. Aber es gab auch einen einfallsreichen Schüler, der die Perspektive ›umgekehrt‹ anwendete.

»Da kriegt man ja Kopfschmerzen, wenn man zu lange drauf guckt,« urteilten die Mitschüler ganz treffend bei der Betrachtung ihres Objektes, eines normalen Hauses, das sich nach hinten immer größer statt kleiner darbot.

»Ja, so was nennt man Kreativität.«

»Oder auch nur durchgeknallt.«

Genie und Wahnsinn liegen dicht beieinander!

XXXII. Der Strich auf der Linie

Nun, das Zeichnen spielte nicht nur in der Kunst eine große Rolle. Jahre später versuchte ich, den gerade aus der Grundschule Entlassenen zu erklären, was ein Diagramm ist und wie man es entwerfen kann. Aber ein Mädchen war anfangs nicht in der Lage, einen geraden waagerechten Strich auf das Papier zu bringen. Das brachte mich aus der Fassung und ich fragte mich, was die denn bloß in den vier Jahren Grundschule gelernt hatten. Ich schrieb in das Klassenbuch: Wir lernen auf einer vorgedruckten Linie einen geraden Strich zu ziehen.
Aller Anfang ist schwer.

Teil 2: Klassenfahrten & Tagesausflüge

XXXIII. Das matscht so schön!

Was lag näher, als während der Unterrichtseinheit ›Nordsee‹ einen Tagesausflug an die Küste und nach Bremen zu unternehmen? Mit meiner 6. Klasse machte ich mich auf mit dem Bus von Hannover in Richtung Unterelbe.

Die glorreiche Idee, zuerst den Ort meiner ersten Lehrerstelle, also Freiburg (an der Elbe) anzulaufen, erwies sich entgegen meinen Vorstellungen und Erwartungen nicht gerade als Glücksgriff. Ich hatte geplant, den etwa vierzig Meter hohen Siloturm am Bootshafen mit meinen Schülern zu erklimmen. Dort hatte man einen wahrhaft grandiosen Ausblick auf das Deichvorland bis zur Elbe. Aber der ehemalige Besitzer, den ich gut kannte, hatte das imposante Gebäude, das alle anderen Bauten ringsherum bei weitem überragte, an ein landwirtschaftliches Unternehmen verkauft. Dumm nur, dass der Schlüssel sich nun im Nachbarort befand. Kurzentschlossen entschied ich mich, dorthin zu fahren. Ich ließ meine Klasse zurück, nicht ohne meine beiden Begleitpersonen, zwei Mütter, zu beauftragen, gut auf unsere Schutzbefohlenen aufzupassen. Ich erklärte dem Busfahrer den Weg zum Nachbarort Oederquart und das Unheil nahm seinen Lauf. Im Büro des neuen Besitzers musste ich erst einmal warten ... und warten, weil der Angestellte in dem Geschäftszimmer vollkommen ungerührt ein privates Telefongespräch führte. Als er endlich nach einer gefühlten Stunde den Hörer auflegte, fragte er mich: »Na, was gibt's?«

»Hätte gern den Schlüssel zum Silo in Freiburg, war früher Lehrer an der Realschule und bin jetzt mit einer 6. Klasse aus Hannover da. Wollen mal von oben auf den Deich und zur Elbe gucken. Ich kenn mich da aus, übernehme auch die volle Verantwortung, dass alle heil rauf und runter kommen.«

»Kann ich nicht entscheiden, muss erst den Chef fragen!«

Nun dauerte es fast wieder eine halbe Ewigkeit, bis er den Boss an der Strippe hatte.

»Nee, geht nicht.«

»Warum denn?«

»Da kommt kein Fremder mehr rauf!«

»Aber die Kinners haben sich doch so auf die Turmbesteigung gefreut!«

»Geht nicht und damit basta!«

Also blieb mir nichts anderes übrig, als unverrichteter Dinge wieder zurück zum Bootshafen nach Freiburg zu fahren. Kurz davor stoppte ein älterer Radfahrer, ruderte mit seinem Arm und zeigte in Richtung Silo.

»Halt mal an, der will uns wohl was sagen,« sprach ich den Busfahrer an.

»Sind Sie der verantwortliche Lehrer für die Schulklasse am Hafen?«

Mir schwante schon in diesem Moment nichts Gutes.

»Was denn?«

»Alle Boote sind von oben bis unten voll mit Schiet, ihre Schüler haben Steine in den Schlick geworfen, die müssen ausgebaggert werden!«

Als ich dann wenig später die Bescherung in Augenschein nehmen konnte, wäre ich am liebsten auch im Schlick versunken.

»Haben Sie denn gar nicht mitbekommen, was die Jungs da angerichtet haben?«, fragte ich die beiden Mütter, die sich als Aufsichtspersonen vollkommen disqualifiziert hatten, und bemühte mich angestrengt, nicht aus der Haut zu fahren.

»Nö, wir haben nichts gemerkt.«

Wahrscheinlich hatten sie sich auf einer etwas abseits gelegenen Bank niedergelassen, Klönschnack gehalten und dabei die Schüler aus den Augen verloren. Wie sich später herausstellte, waren fünf Jungen an der Missetat beteiligt gewesen, aber kein Mädchen. Mittlerweile hatte sich das Geschehen schon herumgesprochen und ein gutes Dutzend Männer begutachtete die verschmutzten Boote.

»Mensch, Ecki, mit was für Rabauken bist du denn hier angekommen. Können ja nur aus 'ner Großstadt kommen.«

Das war noch einer der harmlosesten Kommentare der Männer, die mir noch aus meiner Zeit in Freiburg bekannt waren.

»Was hast du hier bloß angerichtet? Das kostet ein paar Tausender, die Boote wieder sauber zu kriegen!«, raunzte mich Hein K., Autohändler und 2. Vorsitzender des Seglervereins, an. Auf den Vorschlag der beiden ›Aufsichten‹, die Boote sofort von den Übeltätern reinigen zu lassen, ging ich erst gar nicht ein. Wie groß wäre wohl das Unglück, wenn ein Schüler von einem Bootsdeck abgerutscht und im meterhohen Schlick versunken und zu Tode gekommen wäre?! Während ich noch mit Hein K. um eine gütliche Lösung des Problems feilschte, setzte langsam die Flut ein und die ersten Boote schwammen auf.

»Die Eltern und ich könnten ja zum Wochenende von Hannover hier 'rauffahren und die Boote saubermachen.«

»Nee, kommt nicht infrage, die Schule kriegt 'ne saftige Rechnung über die Reinigung.«

Davon wollte der Vereinsvize nicht abweichen – immerhin sprach er nicht die ›Bergung‹ der Steine aus dem Schlick an. Diese losen Steine unter einem Bootssteg animierten die Schüler zum Spiel ›Das matscht so schön!‹. Die allgemeine Stimmungslage hatte sich nun dem Nullpunkt genähert, trotzdem musste ich mein Programm mit einem ganz dicken Stein im Bauch weiterverfolgen. Mir blieb nun nichts anderes übrig, als vom nahe gelegenen Deich und Sperrwerk (für Sturmfluten) mit meiner Klasse und den beiden Müttern einen Blick auf das grüne Deichvorland mit den weidenden Pferden und Rindern zu werfen. Dahinter zeigten sich die breite Elbe und einige kleinere und größere Pötte, unter ihnen auch schon gewaltige Containerklötze. Die Reise ging nun in Richtung Cuxhaven, wo wir das neu geschaffene ›Naturama‹, eine Ausstellung über das Wattenmeer, Küstenschutz und Landgewinnung, besuchen wollten. Aber es war an diesem Montag geschlossen – Pleite Nummer zwei! Wenigstens spielte das Wetter mit – Sonnenschein und nur wenigen Wolken –, so dass wir auf der Rückreise noch in Bremerhaven das Deutsche Schifffahrtsmuseum mit dem großen Freigelände und den unterschiedlichsten ›Gefäßen‹ (Boote und Schiffe) besichtigen konnten.

Als wir am frühen Abend nach Hannover zurückkehrten, empfingen uns die Eltern mit eher sorgenvollen Mienen. Zwischenzeitlich hatte sich die grandiose Aktion der Jungen schon herumgesprochen. Der Vater eines Jungen (Ehemann einer geschätzten Kollegin an der Schule) machte auch gleich einen Vorschlag zur Wiedergutmachung des angerichteten Schadens.

»Wir fahren zu fünft da oben rauf und machen die Boote sauber.«

Dieses Angebot wurde vom Seglerverein letztendlich nicht angenommen, stattdessen erhielt die Schule eine nicht nachvollziehbare Rechnung über die Reinigung der Boote – und ich eine Anzeige wegen ›Verletzung der Aufsichtspflicht‹, ausgerechnet vom Ehemann einer ehemaligen Kollegin während meiner Lehrerzeit in Freiburg. Ich musste einen hochnotpeinlichen Bericht verfassen, den ersten und letzten meiner Dienstzeit. Danach: Ende gut, alles gut! Man konnte mir keine Dienstverletzung ankreiden und der Seglerverein ging nun auch ganz leer aus.

Zum Glück ist der Mensch in der Lage, unschöne Erlebnisse zu vergessen oder zu verdrängen. Diese Geschichte aber blieb mir bis heute noch sehr wohl in schlechter Erinnerung, wenngleich ich später nie wieder von irgendjemandem darauf angesprochen worden bin. Mein Groll gegenüber den Übeltätern verschwand sehr schnell, es waren eben noch Kinder. Wenig später ging ich mit ihnen auf Klassenfahrt nach Kirchheim/Hessen.

XXXIV. Wenig Schlaf und der Mitternachtsgeist

Zusammen mit einer Kollegin und deren 7. Parallelklasse plante ich meine erste Klassenfahrt. Wir kamen überein, nach Oerlinghausen im Teutoburger Wald im Osten von Westfalen zu fahren.

Warum? Zu allererst gab es dort genug zu sehen, zu entdecken und zu erleben: das Hermannsdenkmal, die Externsteine, den großen Segelflugplatz ... und natürlich Bielefeld! Montagmorgen um halb acht sollte unsere Fahrt beginnen. Die Schüler beider Klassen und eine Begleit-Mutti hatten sich bereits schon gleich nach sieben Uhr am Bus auf dem Schulhof eingefunden.

Meine Kollegin und glänzten noch kurz vor Reisebeginn durch Abwesenheit. Dummerweise hatte mich am Abend zuvor ein Kollege beschnackt, eine kleine Party mit zwei Landfräuleins zu feiern. Dabei entwickelte sich eine ausgelassene Stimmung mit viel lauter Musik, viel Rauch und viel Palaver. Um Mitternacht wollte ich mich auf den Weg nach Hause machen. »Ein halbes Stündchen kannst du noch hierbleiben, sei kein Frosch!«

Aus der halben Stunde wurden dann drei, ich hatte also nur noch Zeit für höchstens dreieinhalb Stunden Schlaf und mein Koffer war mal gerade halb voll bzw. halb leer. Wie ich es dennoch am nächsten Morgen schaffte, mich in einer knappen Stunde frisch zu machen, mich anzukleiden, Koffer und Tasche zu packen und kurz vor halb acht am Bus zu erscheinen, bleibt mir ein Rätsel. Meine liebe Kollegin erschien ebenfalls erst kurz vor der geplanten Abreise. Auch sie hatte ein Schlafdefizit.

Wir waren zuerst noch ganz stolz auf unsere Leistung, hatten dann jedoch alle Mühe, uns wach zu halten, während im Bus ein fröhlicher Lärmpegel herrschte. Nachdem wir unsere Schüler um zehn Uhr abends in die Betten geschickt hatten, fielen meine Kollegin und ich in unseren jeweiligen Lehrerzimmern regelrecht ins Bett. Ich schlief sofort wie ein Stein ein. Urplötzlich aber sah ich im fast stockdunklen Zimmer einen weißen Geist, der mich kurz zuvor an der Schulter gepackt und mich dadurch geweckt hatte. Es dauerte ziemlich lange, bis ich begriff, was eigentlich vor sich ging. Ein Schüler aus der anderen Klasse war auf die glorreiche Idee gekommen, sich mit einem Bettlaken als Mitternachtsgeist zu verkleiden und seine Klassenlehrerin mit seinem Spuk zu erschrecken.

»'tschuldigung, wollte Sie nicht wecken, sondern Frau …«

Weiter kam er nicht.

»Ab in die Koje, ist schon nach Mitternacht.«

»Sollte doch nur ein Spaß sein.«

»Das ist kein Spaß, sondern nächtliche Ruhestörung!«

Aus meiner Schülerzeit hätte ich eigentlich wissen müssen, dass am ersten Tag einer Klassenfahrt vor Mitternacht in keinem Zimmer Nachtruhe einkehrt. Nach diesem Schülerstreich dauerte es noch eine Weile, bis ich meinen lang ersehnten Schlaf fand, träumte dann aber von einem weißen Geist.

XXXV. Panzer, Haubitzen und Käfertransport

Anfang der achtziger Jahre machte ich mit meinen Fünfklässlern fast direkte Bekanntschaft mit dem ›Kalten Krieg‹, der bis zum Ende des Jahrzehnts andauerte. Mit insgesamt drei Klassen fuhren wir in das Schullandheim Riepenburg, oberhalb der Rattenfängerstadt Hameln.

Am zweiten Morgen saßen meine drei Kolleginnen und ich beim Frühstück, während ein Teil unserer Schüler sich bereits mit Brötchen, Marmelade, Wurst, Käse und Müslis gestärkt hatten und draußen im Gelände herumtollten. Wir begannen unser erstes Mahl gemeinsam, wer damit fertig war, durfte an die frische Luft und brauchte nicht zu warten, bis auch der Letzte ausreichend getrunken und gegessen hatte.

Plötzlich kamen einige Mädchen und Jungen in den Speiseraum gerannt, ganz aufgeregt und außer Atem und riefen:

»Da kommen richtig große Panzer hierher!«

»Soll das ein Scherz sein?«

»Kommen Sie doch raus, es stimmt.«

Schnell erhob ich mich und eilte zur offenen Tür – und tatsächlich vernahm ich ein seltsames Geräusch – das Gerassel von Panzerketten. Draußen angekommen, traute ich meinen Augen nicht: Auf der asphaltierten Zufahrtsstraße durchquerte der erste Panzer gerade die offen stehende große Toreinfahrt. Einige Schüler liefen hektisch und kopflos kreuz und quer durch die Gegend.

»Sofort alle rein ins Haus!«, brüllte ich unsere Schutzbefohlenen an und stellte mich mit erhobenen Armen und laut »Stop, stop!« schreiend dem ersten heranrollenden Koloss in den Weg. Augenblicklich erkannte ich, dass es britische Centurion-Panzer sein mussten.

»Attention! Children! Stop immediately, right away!«

Nun verlangsamte das stählerne, grüne Ungetüm seine Fahrt und kam etwa zehn Meter vor mir zum Stehen, das furchterregende Kanonenrohr direkt auf mich gerichtet. Im Geschützturm wurde eine Luke geöffnet und es erschien der Kommandant mit dem typischen Tommy-Barett auf dem Kopf.

»*Didn't you see the kids, it's a school camp here!*«, rief ich ihm zu, als ich mich seitlich neben den Panzer gestellt hatte.

»*Stop the engine, I can't understand you!*«

Das Motorengeräusch verstummte abrupt, ich wiederholte meine Frage, ob er nicht die Kinder gesehen hätte und dass er sich auf einem Schullandheimgelände befände.

»*Excuse me, excuse me so much! I'm so sorry!*«

Er kletterte aus seinem Turm, hielt eine Karte in der Hand und erklärte mir wortreich, dass das Gelände nicht als ›*school camp*‹ ausgewiesen war, wovon ich mich mit einem Blick überzeugen konnte. Seine Panzereinheit sei aus Munster zum Manöver hier am Ohrberg beordert worden. Ich nahm seine Entschuldigung an, wir gaben uns die Hand und dann zwängte er sich wieder in seinen Geschützturm. Die Motoren aller sechs Panzer sprangen mit großem Gebrumm an und die Kolonne bewegte sich langsam rückwärts den Berg hinunter. Die Schüler und Kolleginnen, die natürlich erst hinter den Fenstern und dann draußen das Geschehen beobachtet hatten, fingen an zu klatschen. Das fand ich zwar liebenswert, aber ich hatte doch gar keine Heldentat vollbracht, nur ein halbes Dutzend Panzer gestoppt. Am nächsten Tag stießen die Schüler in den drei kleinen überdachten Holzbuden des Geländes auf insgesamt sechs Tafeln feinster Cadbury-Schokolade und je einen Brief.

»Gucken Sie mal, die englischen Soldaten haben uns geschrieben.«

»Na, was denn?«

»Jetzt können wir ja schon etwas Englisch, die haben sich entschuldigt, weil sie uns gestern ganz schön erschreckt haben, und Schokolade auf Englisch haben sie auch reingelegt.«

Ich rätselte nur, wann die Soldaten wohl mit einem Jeep – ohne Panzer – zurückgekehrt waren und unbemerkt ihre Briefe und die Schokolade in den kleinen Häuschen hinterlegt hatten.

Das musste tagsüber geschehen sein, als wir die Rattenfängerstadt erkundet hatten. So hatten wir alle ein typisches Beispiel der ›feinen englischen Art‹ erlebt.

Das erinnerte mich auch an meine Kindheit in Eschede, als ich um 1950 zum ersten Mal die Bekanntschaft mit britischen Besatzungssoldaten gemacht hatte. Oft kampierten sie willkürlich in kleineren Einheiten mit ihren Panzerspähwagen auf Privatgrundstücken oder Bauernhöfen.

»Musst nur sagen ›*schoklet pliess*‹, dann kriegst du gleich eine ganze Tafel, brauchst keine Angst zu haben«, belehrte mich Nachbarsjunge Günter.

Gesagt, getan. Die britischen Soldaten wurden allgemein schmeichelhaft als Tommies bezeichnet. Sie behandelten uns Kinder beinahe vorbildlich, scherzten mit uns und wir lernten die ersten englischen Wörter, worauf wir mächtig stolz waren und damit gehörig prahlten. Damals begann meine lebenslange, besondere Beziehung zu Großbritannien, zu den Menschen, ihrer Geschichte und ihrer Kultur.

Am Tag nach der Begegnung der besonderen Art machte ich mich mit meiner Klasse auf, den Ohrberg und die Landschaft ringsherum zu erforschen. Wir kamen aber nicht weit. Auf unserem Weg am Waldrand erspähte ich mal wieder – Soldaten, dieses Mal von der Bundeswehr.

»Sie dürfen hier nicht weiter, Nato-Manöver!«, schnauzten mich zwei Feldjäger an.

»Dann gehen wir eben durch den Wald.«

»Nein, Sie müssen ganz zurück, Sie und die Kinder.«

»Wird hier scharf geschossen?«

»Stellen Sie keine dummen Fragen, Sie dürfen hier nicht durch.«

Meine gefrusteten Schüler und ich täuschten einen geordneten Rückzug vor, um dann außer Sichtweite der Feldjäger eine Kehrtwende zu machen. Ich verbot lautes Sprechen und gab der Aktion einen Hauch von Abenteuer und Spionage.

»Wollen doch mal gucken, was wir nicht sehen sollten.«

Und tatsächlich: Wenige hundert Meter weiter erkannten wir riesige Geschütze und Feldhaubitzen, eine ganze Batterie, die am Waldrand Stellung bezogen hatte. Im Gebüsch versteckt, geduckt und lautlos, pirschte unser Spionagetrupp sich noch weiter an die Kriegsgeräte heran. Meine Jungs fanden das sehr spannend, die Mädchen weniger. Nachdem wir fast zwanzig dieser (Verteidigungs-)Monster gezählt hatten, zogen wir uns wieder in den Wald zurück und setzten die Wanderung fort.

Nach dem Besuch von Schloss Schwöbber tags darauf maulten einige Schüler herum, dass sie den langen Weg von der Bushaltestelle zurück zum Landheim zu Fuß absolvieren mussten.

»Wofür ihr eine halbe Stunde braucht, schaffe ich in fünf Minuten.«

»Wie denn?«

»Werdet ihr gleich sehen.«

An der Haltestelle hatte ich meinen Käfer geparkt, stopfte je nach Körpergröße und -umfang fünf bis sieben Kinder in das Auto und fuhr den Ohrberg auf Feldwegen hoch. Nach vier Fuhren hatte meine Klasse an diesem anstrengenden Tag im Schulheim nun noch vor dem Abendbrot Gelegenheit, sich etwas auszuruhen. Gewiss waren meine Aktionen nicht immer gesetzeskonform, aber niemand war zu Schaden gekommen.

XXXVI. Iglu-Einsturz / ›Mein Gott, Alter‹

Zum Feriendorf Eisenberg am über sechshundert Meter hohen Knüll, westlich von Bad Hersfeld, unternahm ich mehrmals eine Klassenfahrt, einmal sogar im Winter mit Frost und reichlich Schnee. Da bot es sich fast zwingend an, einige Iglus zu errichten. An Erbauern mangelte es ja nicht und das Baumaterial lag vor der Tür. Tatsächlich entstanden vier Schneehäuser, unterschiedlich groß, mit windschiefer Architektur. Nach Bauende hatten meine vierundzwanzig Eskimos es geschafft, vollzählig in den Inuit-Domizilen unterzuschlüpfen.

»Jetzt gibt es kein Robbenfleisch, aber einen tollen Kräutertee, haben wir ja gut hingekriegt, unsere Iglus.«

Zwischenzeitlich, während die Schüler die letzten festen Schneeblöcke formten, hatten meine Kollegin und ich ein paar Kannen Tee aufgebrüht und brachten sie zusammen mit den Tassen in die runden Schneehütten zu den fröhlich palavernden Baumeistern.

Vor dem Mittagessen zählte ich die Häupter meiner Klasse, es fehlte ein Mädchen.

»Habt ihr Ilona gesehen?«

»Die war vorhin noch im Iglu.«

Sofort dachte ich an die nicht vorhandene Statik unserer vier Bauwerke.

»Ihr bleibt jetzt sitzen, ich schau mal nach!«, ordnete ich an, als schon einige Mädchen aufgestanden waren und sich auf die Suche machen wollten. Auf dem Weg von unserem Gehöft (Unterkunft) zu den Schneehäusern brachte ich etliche Stoßgebete vor. »Mein Gott, lass mich bloß das Mädchen unversehrt und lebendig wiederfinden.«

Dann der erste Schock: Ein Iglu war zur Hälfte eingestürzt! Ich warf einen Blick in den verbliebenen Innenraum und schaufelte dann wie ein Irrer den Schnee an der Einsturzstelle beiseite.

»Sie suchen wohl mich, bin hier«, erschallte es mit glockenheller Mädchenstimme aus dem Nachbariglu.

»Oh mein Gott, mach das nicht noch einmal, du hast mir einen ganz großen Schreck eingejagt.«

Nach diesem Geschehen musste ich den Mädchen und Jungen leider verbieten, in die Iglus zu gehen, wenn kein Lehrer in der Nähe war. Am Morgen danach in aller Frühe wurde ich durch lärmende Jungenstimmen geweckt. Ich schaute aus dem Fenster und sah, dass sich etliche Jungen mühten, einen Bulli zu schieben. Der Kleinbus mit hannoverschem Kennzeichen hatte uns Brötchen gebracht und kam im unebenen und hügeligen Gelände bei Schnee und Eis nicht mehr weiter. Vergeblich versuchten die Jungen und ein Lehrer von einem anderen Gehöft, den Bulli über einen Hügel zu schieben. Er rutschte immer wieder zurück.

Im Schlafanzug eilte ich hinaus und brüllte die Jungen an: »Schnell weg von hier, keiner fasst mehr den Bulli an!«

Und zum fremden Lehrer gewandt: »Mein Gott, Alter! Haste nicht mal dran gedacht, dass ein Junge hinfällt und der Bulli drüberrollt?«

Der Bäckerbote suchte sich einen anderen Weg und schaffte es dann allein, vom Gelände zu kommen.

XXXVII. Schlafanzug-Akrobatik

Am späten Abend, nachdem ich mich vergewissert hatte, dass die lieben Kinder schön eingeschlafen waren, bemühte ich mich ein ums andere Mal, meinen Schlafanzug anzuziehen – vergeblich! Lag es daran, dass mich nach dem ereignisreichen Wintertag nun die Müdigkeit so übermannt hatte, dass ich es nicht mehr schaffte, mich für die Nacht anzukleiden? Schließlich befand ich mich schon im Halbschlaf und wagte den letzten Versuch. Jetzt löste sich das Rätsel schlagartig auf. Meine Schüler hatten irgendwann tagsüber Hemdsärmel und Hosenbeine total verknotet und fein säuberlich die Bettdecke über den Pyjama gelegt. Während meiner grotesken, erfolglosen Versuche, endlich in die Schlafkleidung zu schlüpfen, brannte natürlich die Deckenleuchte bei nicht zugezogenen Vorhängen.

Am nächsten Morgen, auf dem Weg zum Frühstück, schauten mich etliche Schüler merkwürdig und beinahe höhnisch lächelnd an. Einige standen zusammen, blickten zu mir herüber, kicherten unüberhörbar oder lachten mich einfach an. Ich brauchte nicht lange, um den Grund dafür herauszufinden. Hatten sich doch die Frechdachse bei meinem letzten abendlichen Kontrollgang schlafend gestellt und nur auf den Moment gewartet, dass ich mit mir selbst ein Gute-Nacht-Tänzchen vollführte. Sie konnten in meinem hell erleuchteten Zimmer alles beobachten, während ich sie in dem gegenüberliegenden Häuschen mit den Gruppenzimmern im Tiefschlaf wähnte.

Gespannt wartete die Klasse darauf, dass nun das übliche »Wer war das?« meinerseits kommen würde. Nach kurzer, reiflicher Überlegung stellte ich nur ganz trocken fest: »Na, habt ihr gestern Abend wohl euren Spaß gehabt.«

Kein Donnerwetter, keine hochnotpeinliche Befragung, stattdessen eine klammheimliche Freude, meinen Schülern einen Spaß gegönnt zu haben. Was wäre Schule ohne verzeihbare, kleine Schülerstreiche?! Es dauerte aber gar nicht lange, bis sich bei meiner Sprechstunde Joachim verplapperte und unbeabsichtigt die Namen der Schlingel preisgab.

Nur im Landheim, auf Klassenfahrt, hatte man als Klassenlehrer genügend Zeit und Muße, sich jedem Schüler für ein längeres Gespräch zu widmen. In meiner Sprechstunde hatte ich es so organisiert, dass jeder eine Viertelstunde lang meine Fragen zu den Lieblingsfächern, Freunden oder Freundinnen und Geschwistern frei beantwortete oder zum Beispiel das Herz über Ungerechtigkeiten in der Schule ausschüttete. Meine Fragen zielten darauf ab, in Erfahrung zu bringen, wie es um die Beziehungen untereinander in der Klasse stand. Daraufhin konnte ich dann ein fundiertes Soziogramm erstellen.

XXXVIII. Die gute, alte Bundesbahn

Der erste Tag einer Klassenfahrt ist für den Klassenlehrer der härteste und mühevollste, für die Schüler der aufregendste. Schon die Reise mit einem ICE war für den Großteil der Mädchen und Jungen ein vollkommen neues Erlebnis, für viele überhaupt die erste Bahnreise – und dann noch mit einem Hochgeschwindigkeitszug!

In Kassel angekommen, mussten wir in die Bimmelbahn nach Bebra umsteigen. (Von dort, dem letzten BRD-Bahnhof, fuhren die Interzonenzüge nach Eisenach in die DDR). Von Bebra ging es dann mit einem anderen Zug weiter nach Bad Hersfeld. Bei dem zweimaligen Umsteigen brauchten die kräftigen Jungen keine Nachhilfe in Sachen Einsatzbereitschaft.

Ohne Murren schleppten sie ihr eigenes Gepäck und auch die Koffer der schmächtigsten Mädchen. Manche Eltern hatten es wohl zu gut gemeint und ihre Kinder mit so viel Kleidung ausgerüstet, als ginge es auf eine mehrmonatige Weltreise.

Heutzutage würde mich niemand mehr fragen, warum ich für die Reisen vorzugsweise die Bahn wählte, wenn sich denn die Möglichkeit ergab. Zur Ehrenrettung des Schienenverkehrs kann ich feststellen, dass bis auf eine Ausnahme alle Züge pünktlich kamen, die Reservierungen hervorragend klappten, trotz noch nicht vorhandener Digitalisierung.

Die Ausnahme gab es bei einer Rückreise von Bad Hersfeld nach Hannover. Der Zug hatte über zehn Minuten Verspätung am Umsteigebahnhof in Bebra. Ich dachte, dass wir den Anschlusszug nach Kassel verpasst hätten. Aber der wartete treu und brav zwei Gleise weiter auf die Klasse, die ja nach Hannover wollte. Als wir in dem für uns reservierten Wagen Platz genommen hatten, konnten es sich aber ein paar Lausebengels nicht verkneifen, anderen Fahrgästen, die in unserem Wagen nach einem Platz Ausschau hielten, eine lange Nase zu machen und triumphierend auf das große Schild ›Reserviert‹ zu zeigen.

»Seid froh, dass der Zug extra auf uns gewartet hat, da braucht ihr niemanden zu veräppeln, das ist keine feine Art!«, kommentierte ich ihr flegelhaftes Verhalten.

XXXIX. Ja, im Wald da sind die Räuber

Am Abend nach der Anreise zeigten die Schüler nicht den geringsten Grad von Müdigkeit. Da nützten weder verständnisvolle Bitten oder Ermahnungen. Prompte Bettruhe ab 22 Uhr funktionierte überhaupt nicht.

Irgendjemand machte immer den Zimmerclown, sei es durch lautes Reden, Witze erzählen oder nicht ganz stubenreine Geräusche. Also verordnete ich nach meinen ersten Klassenreisen eine Nachtwanderung, die natürlich mit allgemeiner Zustimmung angenommen wurde. Ausgerüstet mit Taschenlampen machte ich mich mit meiner Meute auf den Weg durch den tiefen Wald, der östlich bis an das Feriendorf reichte, während ansonsten das Gelände überwiegend aus Gras- und Buschland bestand. Vor allem musste ich darauf achten, die Truppe zusammenzuhalten, denn einige Jungen liefen ganz keck vorneweg, bis sich der Abstand zu dem Gros der Klasse auf fast einhundert Meter vergrößert hatte.

»Stehen bleiben, lauft nicht so weit weg! Wir müssen zusammenbleiben!«

Als wir sie eingeholt hatten, gaben sie ihren eigentlichen Grund für das Vorweglaufen preis.

»Wir haben gar keine Angst, im Dunklen durch den Wald zu marschieren!«

Na, waren sie schon in der Phase angekommen, in der man den Mädchen mit Unerschrockenheit imponieren wollte? Das Spielchen wiederholte sich noch zweimal und ich musste mir etwas einfallen lassen, damit die Horde nicht auseinanderbrach.

»Im Nachbardorf erzählt man sich, dass genau hier früher eine Räuberbande ihr Versteck hatte. Angeblich sollen nicht alle Räuber gefasst worden sein.«

Nun hatte ich es geschafft; selbst die Jungen mit dem lautesten Mundwerk blieben brav beieinander und suchten mit ihren Taschenlampen die Umgebung nach den bösen Gesellen ab.

Auf dem Rückweg wollte ich die Strecke verkürzen und wählte einen Trampelpfad bergan jenseits der breiteren Wege und Schneisen. Plötzlich ertönte der Ruf eines Uhus und jetzt rückten alle noch mehr zusammen. Nach einer Viertelstunde versperrten uns umgefallene oder gefällte Baumriesen den Weg. Ein Zurück hätte bedeutet, dass wir erst nach 23 Uhr in den Kojen gelandet wären. Wir hangelten uns über die Baumstämme, über Äste, Zweige und Baumkronen in einem stockdunklen Umfeld. Man hörte dabei nur noch ein Rascheln, aber kein lautes Reden mehr meiner Schüler. Einige Male streifte mich der Lichtstrahl einer Lampe und in mir keimte die Überlegung, es mit dieser abenteuerlichen Unternehmung doch übertrieben zu haben.

Endlich, weit oben, leuchtete uns das Licht des Feriendorfs heim und wenig später fiel mir ein Stein vom Herzen, als die Mädchen und Jungen unversehrt, aber mit geröteten Gesichtern vollzählig unter dem Lichtpfahl eintrafen. Einige machten einen erschöpften, aber nicht unglücklichen und bedauernswerten Eindruck. An diesem späten Abend gab es keine Probleme mit der Nachtruhe. Ich aber brauchte dazu einige Zeit – was hätte wohl alles mit meinen Schülern passieren können?

»War echt toll, können wir noch einmal machen – aber stimmt das mit den Räubern?«

»Nein, war nur ein Märchen aus alten Zeiten,« klärte ich die Klasse beim Frühstück auf.

XL. Christinen-Quelle und der Blick nach drüben

Wanderungen bei Tageslicht waren mir denn doch lieber. Bei einem dieser Streifzüge rund um die reizvolle Landschaft des Feriendorfs führte uns der Weg zum sechshundertsechsunddreißig Meter hohen Eisenberg an einer kleinen Quelle vorbei. Vorsorglich hatte ich die Schüler unterwiesen, Trinkgefäße mitzuführen – ohne Inhalt. Nach über einer halben Stunde meldete sich bereits einsetzender Durst bei meinen Wandervögeln.

»Wir sollten ja nichts zum Trinken mitnehmen und jetzt werden wir verdursten!«, beklagten sich bereits einige meiner Schützlinge. »Nur noch fünf Minuten, dann könnt ihr so viel trinken, wie ihr wollt!«

Nach der nächsten Biegung war schon ein glänzendes kleines Wasserrohr zu erkennen, aus dem unablässig klares Wasser sprudelte. Jetzt gab es kein Halten mehr und alle rannten richtig angespornt auf das kühle Nass zu.

»Da steht ja Christinen-Quelle drauf, das Wasser trinken wir bei uns zu Hause auch.«

»Aber hier kostet es keinen Pfennig, macht eure Behälter voll.«

»Wenn ich das gewusst hätte, hätte ich mir einen ganz großen Kanister mitgenommen!«

»Und wer hätte den bergan und bergab schleppen sollen?«

»Das schmeckt ja richtig gut.«

»Trinkt nicht zu viel auf einmal, sonst schafft ihr es nicht mehr auf den Aussichtsturm.«

Dort angekommen, konnten wir bis zur hinteren Rhön und bis zum Thüringer Wald schauen.

»Aber das ist ja schon in der DDR!«, rief mein oberschlauer Geographie-Primus Thomas aus.

»Ja, leider gibt es diese verdammte Grenze. Wenigstens können wir mal rüberfahren, wenn man dort Verwandte hat.«

Dabei zeigte mein Arm in Richtung Südosten.

»Da hinten war ich schon oft, vielleicht erlebt ihr es ja, dass diese Grenze Deutschland nicht mehr teilt.«

Danach musste ich viele Fragen beantworten.

»Das gehen wir alles schön in WUK durch. Jetzt ist Wandern angesagt.«

Nach einem letzten wehmütigen Blick auf den gut erkennbaren Inselsberg führte ich an diesem fast schon frühsommerlichen Tag die Klasse über Stock und Stein zurück zum Feriendorf.

XLI. Tschernobyl

Zwei Tage später bei den abendlichen Radionachrichten hörte ich von einem Störfall in einem Atomkraftwerk irgendwo in der großen Sowjetunion, maß dieser Meldung aber keine allzu große Bedeutung zu. Tags darauf, am 27. April 1986, wurde dann schon von einem Unglück gesprochen, aber auch das beunruhigte mich noch nicht besonders. Es kam mir auch nicht in den Sinn, der Mutter eines Schülers, die auch noch einmal eine Klassenfahrt erleben wollte, von den Nachrichten zu berichten. (Auf jeder Klassenfahrt musste eine weibliche Begleitperson dabei sein, schon allein wegen der kurz vor der Pubertät stehenden Mädchen.)

Hätten die sowjetischen Behörden nach dem GAU von Tschernobyl die unvorstellbar schreckliche Wahrheit sofort verkündet und die Weltöffentlichkeit über das volle Ausmaß der Katastrophe informiert, wäre unser Landheimaufenthalt schon kurz nach der Ankunft zu Ende gewesen, bevor er überhaupt richtig begonnen hätte.

XLII. Bernds Musik, Trudes Klöß' und Thüringer Bratwurst

Glücklicherweise kamen die Wende und die Wiedervereinigung schneller, als ich erhofft hatte. Mit dieser Einstellung stand ich aber innerhalb der Lehrerschaft ziemlich allein da.

Gleich darauf fuhr ich mit meiner fünften Klasse wieder ins Feriendorf am Eisenberg. Ein vorausschauender und damals ernst zu nehmender Rat der Stadt Hannover hatte Jahre zuvor das riesige Gelände am Fuße des Knülls von Hessen erworben und darauf ein Feriendorf errichtet.

Jede Gruppe oder Klasse bezog ein separates Gehöft mit einem Haupthaus (Speisesaal, Küche, Lehrerzimmer, Bastelkeller), vier Unterkunftsbauten – und einen Lagerfeuerplatz. Was gab es Schöneres, als abends rund ums lodernde und knisternde Totholz aus dem angrenzenden Wald zu sitzen, Lieder zu singen und Stockbrot zu futtern!

In jenen Momenten betrübte mich aber mein fehlendes musikalisches Talent zum Gitarrespielen. Zu mehr als vier Griffen/Akkorden hatte ich es leider nicht gebracht und konnte auch nur dann dem Instrument die richtigen Klänge entlocken, wenn die jeweiligen Griffe auf einem Notenblatt angezeigt wurden.

Statt, wie in den Jahren zuvor, uns die hübschen Orte Schlitz, Lauterbach oder Alsfeld anzuschauen, ging es nun mit dem Bus ins historische Eisenach am Thüringer Wald. Der Busfahrer, eine joviale Frohnatur mittleren Alters, berieselte uns musikalisch mit deutscher Schlagermusik – alle Schnulzen auf der Tonbandkassette wurden nur von einem Interpreten dargeboten: dem Busfahrer aus Schlitz!

»Hier sitzen Kinder von zehn bis zwölf Jahren, hast du keine Popmusik?«

Beleidigt zog er seine Kassette aus dem Gerät und stellte gängige Radiomusik an. In Eisenach kam mir auf der Wartburg eine fabelhafte Idee.

»Kannst du uns nach Dermbach und Unteralba fahren zu meinen ›Brüdern und Schwestern‹, die ich zu DDR-Zeiten oft besucht habe?«

»Kein Problem, kommen wir eben später zurück, den Weg dahin kenne ich schon.«

Ich malte mir schon aus, wie Tante Trude ungläubig schauen würde, wenn ich samt meiner Klasse, meiner Kollegin und dem Bus vor ihrem Haus erscheinen würde.

»Wieviele seid ihr denn? Ich mach Klöß' und zieh ein paar Kaninchen aus!«, hörte ich sie schon in meiner Vorstellung.

»Prima, wir fahren nach Dermbach zum Schwimmbad und sind in zwei Stunden zurück.«

»Margit und Waltraud helfen mir beim Kartoffelschälen, dann bis nachher.«

Nun dauerte es auf dem Hof der Wartburg eine gefühlte Ewigkeit, bis wir zur Führung an der Reihe waren. Andere Besucher lobten meine Mädchen und Jungen, die mit stoischer Gelassenheit die Wartezeit ertrugen.

»War wirklich der Teufel an der Wand, als Martin Luther das Tintenfass nach ihm warf?«

»Nun ja, das macht den Tintenkleks natürlich viel spannender.

Als der Bus uns hinunter in die Stadt bringen wollte, türmten sich in südlicher Richtung gewaltige Cumulonimbus- Gewitterwolken, genau über der Rhön und der Heimat von Tante Trude und ihrem Familienclan. Schnell musste ich also meinen Traum vergessen. Nach einem Rundgang durch Eisenach und dem Einkauf von achtzig echten Thüringer Rostbratwürsten fuhr uns Bernd, der singende Busfahrer, wieder gen Westen. Dafür, dass er sich so spontan und ohne Wenn und Aber bereit erklärt hatte, unsere vereinbarte Reiseroute um mehr als sechzig Kilometer zu ändern, wollte ich ihm danken und kaufte also zwei seiner Gesangskassetten.

Abends am Lagerfeuer wären die Lieder, die ich auf der Gitarre einigermaßen ohne Notenblatt spielen konnte, wohl nach solch einem Tag ziemlich unpassend gewesen: ›*On the Banks of the Ohio*‹ und ›*Hang Down Your Head, Tom Dooley*‹. Meine Klasse war aber auch ohne einen musizierenden Lehrer, der ich gern gewesen wäre, gut mit dem Grillen der Bratwürste beschäftigt.

Nachdem Torsten bereits die dritte Wurst verdrückt hatte, fiel der Satz, der mich fast gänzlich aus der Fassung brachte: »Hmmm, die Würstchen schmecken aber ganz prima, gibt's die bei uns in Deutschland auch?«

Oh, welch – vergebliche – Mühe hatte ich im Unterricht aufgewendet, um altersgerecht die Themen Grenze, Teilung, Wiedervereinigung, Neue Bundesländer zu bearbeiten – und dann diese Frage!!

Als dazu die Kollegin auch noch kommentierte: »Wieso regst du dich auf, hat er doch gar nicht so unrecht!«, wollte ich fast platzen, besann mich aber eines Besseren, ging hinter das Haus, wo mich niemand sehen konnte, und rauchte die erste Zigarette seit der Ankunft.

XLIII. Besser-Wessis, Vietnam-Kanal, Disco-Pech

Auch für die nächste Klassenfahrt hatte ich wohlweislich ein Ziel in den Neuen Bundesländern ausgewählt. Zusammen mit einer 6. Parallelklasse, deren Klassenlehrer und einer Kollegin, fuhren wir zum Forsthof Schwarz am gleichnamigen See, südlich von Mirow in der Mecklenburgischen Seenplatte.

Ein Jahr zuvor hatte ich dort während einer Urlaubsreise nach Usedom Zwischenstation gemacht und das erste Mal eine Nacht im Campingwagen verbracht. Diese intakte, fast noch urtümliche Landschaft mit ihren Seen und Wäldern hatte mich auf Anhieb so eingenommen, dass ich beschloss, diese Idylle meinen Schülern nicht vorzuenthalten.

Leider mussten wir uns bei der Reise für einen Bus entscheiden. Der Bahnbetrieb nach Mirow war kurz zuvor eingestellt worden. Das preiswerteste Angebot für die Hin- und Rückreise machte ein Betrieb aus Neustrelitz. Als der Bus auf dem Pausenhof eintraf, jubelten die Mädchen und Jungen und enterten den Bus, die Eltern aber murrten: »Was ist das denn für ein Bus, der sieht aber nicht nach Komfortklasse aus, hat wahrscheinlich keine Toilette, sieht aus wie ein Linienbus.«

»Das nächste Mal kann ich ja gern einen Bus der ›Königsklasse‹ bestellen, dann zahlen Sie aber mehr als das Doppelte für die Fahrt.«

Die Kinder freuten sich auf die Reise, ihnen war es vollkommen egal, ob der Bus mit den modernsten Annehmlichkeiten ausgestattet war oder nicht. Am Zielort angelangt, strömte unsere Schülerschar sogleich an das Ufer des Sees.

»Toll, hier – und Boote sind auch da! Können wir auch mal paddeln?«

»Dafür sind wir ja wohl hierher gefahren.«

In unserer einfachen Herberge, einem ehemaligen Gebäude der NVA(Nationale Volksarmee) hatten auch zwei höhere Schulklassen aus (West-)Berlin Quartier bezogen. Häufig beschwerten sich diese 15- bis 16-Jährigen über kleine Unzulänglichkeiten, wie zum Beispiel tropfende Plastik-Wasserhähne. Auch ihre Lehrer moserten ständig über Bagatellen – wie der Herr, so's Gescherr. Selbst an den vorzüglichen Mahlzeiten wurde herumgemäkelt, während manche unserer 11- bis 12-Jährigen nach der zweiten köstlich schmeckenden, hausgemachten Kohlroulade noch die dritte verputzten.

Für unsere halbe Hundertschaft reichten die vorhandenen Kajaks gerade noch aus, um gemeinsam eine Bootstour zu unternehmen. Unsere Armada mit über einem Dutzend Booten startete bei bestem Kaiserwetter nach dem Frühstück Richtung Süden zum Vilzsee und zur Diemitzer Schleuse. Hier stauten sich nur wenige Boote unterschiedlicher Größe im Havel-Müritz-Kanal. Danach fuhr unser Pulk mit fröhlichen, abenteuerlustigen Kindern weiter nordwestlich zum Zotzensee zwischen einem Schilfufer auf der linken und einem dunklen Wald auf der rechten Seite. An einer Lichtung war genug Platz für alle, um ein ausgiebiges zweites Frühstück einzunehmen. Beobachtet wurden wir nur von einigen Reihern, die am gegenüberliegenden Ufer durch das Wasser staksten. Kein Lärm, erfrischende Luft, keine vorbeiziehenden Boote, nur ab und zu das Zetern einiger Möwen und ein Kuckucksruf rundeten diese beschauliche Idylle ab – Natur pur!

Nun folgte der spannendste Teil, die Fahrt durch den sehr engen ›Vietnam-Kanal‹, so jedenfalls wurde der Durchstich vom Zotzensee zum Schwarzen See von den Einheimischen bezeichnet. Direkt bis zur Wasseroberfläche der schmalen Rinne hingen die Äste und Zweige der Bäume und Büsche, also wie im Dschungel von Vietnam. Die Boote mussten jetzt durch das Wasser gezogen werden. Es meldeten sich genug Mädchen und Jungen, die es wohl tollkühn und aufregend fanden, ihre Klassenkameraden im Graben watend oder vom Ufer her durch das Wasser zu ziehen. Das Kanu-Urwald-Wagnis währte fast eine Stunde, danach schauten wir wieder auf das ›offene Meer‹ und paddelten in Richtung Westen zu einem einfachen Lokal mit

Liegewiese am anderen Ufer. Hier konnten sich alle von der abenteuerlichen Dschungeldurchquerung erholen, sich in das grüne Gras legen und in die Haufenwolken blinzeln. Mit Argwohn musste ich aber nun sehen, dass sich der Himmel von wolkenlos bis dreiviertel bedeckt verändert hatte und sich südwärts schon die Cumuluswolken türmten.

Als wir dann zur Rückreise zu unserem Quartier aufbrachen, hatte sich schon ein mittelprächtiger Wind mit starken Böen entwickelt – und das auch noch direkt von vorn. Es blieb mir nichts anderes übrig, als meine Leute anzufeuern schneller zu paddeln. In der Atmosphäre grummelte es schon, aber glücklicherweise zeigten sich noch keine Blitze. Als die ersten Wellen leicht, aber unübersehbar in die Boote platschten, dirigierte ich unsere Flotte in die Ufernähe. Das bedeutete zwar einen Umweg und daher einen längeren Weg, aber ich musste in allererster Linie an das Wohl unserer Schüler denken.

Aus dem Wind hatte sich binnen einer Stunde ein handfester Gewittersturm entwickelt. Ich atmete auf, als das rote Backsteingebäude in Sichtweite geriet und fast alle im letzten Moment das heimatliche Ufer erreichten. Da fing es auch schon an zu blitzen, gewaltig zu donnern und über uns öffneten sich die Regenschleusen. Nicht alle erreichten die sichere trockene Unterkunft rechtzeitig, ein Dutzend Schüler und wir zwei Klassenlehrer retteten uns, pitschnass geworden, in die Herberge. Die Letzten beißen die Hunde, in unserem Fall: durchtränkte der Himmel. Trotz des dramatischen Ausklangs, oder vielleicht auch gerade deshalb, schwelgten die Schüler noch Jahre später in ihrer Erinnerung von dieser Bootsfahrt.

Am Abend vor unserer Abreise startete nach dem Abendbrot eine zünftige Disco in einem etwas abseits gelegenen Nebengebäude. Ausgelassen tanzte, hüpfte und drehte sich jeder nach seinem Gusto. Auf dem Höhepunkt der vergnügten Stimmung, so gegen neun Uhr fand die Party erst einmal ein abruptes Ende. Sabine aus meiner Klasse hatte sich bei wilden Bewegungen den Fuß verdreht und konnte nicht mehr gehen, geschweige denn weiter tanzen. Was tun? Der Fuß musste unbedingt untersucht und geröntgt werden, aber wo? Weit und breit gab es dort keinen größeren Ort, außer Mirow. Das nächste Krankenhaus befand sich aber im dreißig Kilometer entfernten Röbel an der Müritz.

»Du kannst mit meinem Trabi hinfahren«, bot sich der Herbergsvater an. »Bist du schon mal mit einer ›Rennpappe‹ gefahren?«

»Klar doch, bei meinen Besuchen in Thüringen.«

»Na, denn man tou!«

Nicht nur, dass ich meine unglückselige Schülerin trösten und beruhigen musste, die Fahrt mit einem Trabi lag bei mir schon Jahre zurück und ich brauchte doch einige Zeit, um mit diesem Gefährt zurechtzukommen.

Glücklicherweise ergaben die Untersuchungen und das Röntgenbild keine ernsthafte Verletzung. Als wir wieder zurückkehrten, war die Party schon längst zu Ende, aber meine Schüler lagen natürlich noch hellwach in ihren Kojen. Ich brachte Sabine mit ihrem dick verbundenen Fuß auf ihr Zimmer, wo sie von den anderen aufgekratzten Mädchen sehnsüchtig erwartet wurde.

»Es ist nichts gebrochen, nur gezerrt. Sabine kann sogar schon etwas laufen. Und jetzt wird geschlafen!«

Bevor ich einschlief, beschäftigte mich noch ein Gedanke: Warum nur blitzte und donnerte es, wenn ich auf Klassenfahrt in der ehemaligen DDR war?

XLIV. Blutiger Anfang, Waldgeister, Herzrasen

Die Ereignisse am Schwarzen See blieben nicht die einzigen Geschichten vom Wasser und auf dem Wasser während meiner Lehrerzeit. Einige (Schul-)Jahre später entschied sich das Kollegium, eine Projektwoche zum Thema Reisen durchzuführen. Die weit gefasste Materie inspirierte den Konrektor zu einer vortrefflichen Idee: »Lass uns eine Kanufahrt auf der Weser machen, von Hann. Münden bis Bodenwerder – ist ja auch eine Reise.«

Als Vorsitzender eines Kanuvereins verfügte er naturgemäß über hilfreiche Erfahrungen und Verbindungen, um diese Idee zu organisieren und durchzuführen. Mit zwei großen Kanadier-Booten, einem Zweier-Kajak und meinem leicht antiquierten, aber praktischen Faltboot sowie vierundzwanzig Kanuten wurde die Wesertour in Angriff genommen.

Am ersten Tag fuhr ich mit den Mädchen und Jungen der fünften und sechsten Klassen zum Ursprungsort der Weser, während der Kollege – und kommissarische Rektor – den Überlandtransport der Boote übernahm. Am frühen Abend, als alle Zelte am Ufer der Fulda aufgestellt waren, forderte der Hunger seinen Tribut und die Campingkocher wurden in Stellung gebracht. Es dauerte nicht lange, bis ich als Ersthelfer und Sanitäter die erste Schnittwunde versorgen musste. Es blieb aber nicht mein einziger Einsatz, zwei weitere Schüler hatten sich ebenfalls beim Öffnen der Suppen- und Raviolidosen kleine Schnitte zugezogen. So begann diese Reise für die drei Unglücksraben zumindest für eine kurze Zeit recht blutig, brachte aber die frohe und erwartungsvolle Stimmung nicht aus dem Lot. Es war schon kurz vor Mitternacht, als die Gespräche und das Gelächter in den Zelten verstummten.

Nachdem ich am nächsten Morgen unsere drei Verwundeten mit neuen Pflastern versorgt hatte, auch wenn von den Blessuren nicht mehr allzu viel zu sehen war, konnte das Abenteuer

›Weser-Flusspiraten‹ beginnen. Die Weser zeigt sich hier im Oberlauf zwischen Niedersachsen, Hessen und Nordrhein-Westfalen von ihrer landschaftlich reizvollsten Seite. Geschichtsträchtige Stätten säumen überdies an beiden Ufern den Fluss. Im Urwald an der Sababurg, wo einst Dornröschen aus ihrem langen Schlaf erwacht sein soll, durften die Mädchen und Jungen im mannshohen Farnkraut Versteck spielen.

Gut getarnt und unsichtbar bereitete es ihnen einen besonderen Spaß, ihre Mitschüler durch Berühren der Füße oder Beine einen Schreck einzujagen. Dieser Schabernack war natürlich attraktiver als die Besichtigungen der uralten Klöster Bursfelde und Corvey. Geschichte allerorten: In Bad Karlshafen konnte ich mal wieder aus dem Vollen schöpfen und machte auf dem Hugenottenturm den Schülern verständlich, warum es in Deutschland viele Menschen mit französischem Nachnamen gibt. Nicht nur Freizeitspaß, ja auch Bildung musste sein, um dem Auftrag der Schule gerecht zu werden.

Gegenüber der niedersächsischen Stadt Holzminden schlugen wir auf dem linken Weserufer unsere Zelte auf. Hier aber, in einem nördlichen Ortsteil von Höxter, befand sich unsere Mannschaft auf dem Gebiet von NRW. Am Abend zog ich mich ermattet in mein Tipi zurück. Die Aufsichtspflicht wurde von meinem recht sportlichen Kollegen übernommen. Dieser aber hatte nichts Besseres zu tun, als im angrenzenden Freibad elegante Sprünge mit Drehungen und Salti vom Zehn-Meter-Brett zu vollführen. Ich war schon im Land der Träume, als ich von einigen Schülern geweckt wurde.

»Herr J. (*nomen est omen*) springt vom Turm, der ist ja etwas älter als Sie. Das können Sie doch auch!«

Dummerweise ließ ich mich also hinreißen aufzustehen und einige Male vom Fünf-Meter-Brett zu springen – ohne besondere Figuren, schließlich war ich ja auch kein Diplomsportlehrer. Nun, meine Ehre war zwar gerettet, dafür geriet aber mein Herzmuskel vollkommen außer Takt. Das änderte sich auch nicht, als ich mich zum Nachtschlaf niederlegte, meine

Pumpe wollte einfach nicht zur Ruhe kommen. Ich schlief erst im Morgengrauen ein und fühlte mich mangels ausreichenden Schlafes nur wie ein halber Mensch. Dabei stand noch die letzte Paddeletappe bis Bodenwerder an, mit anschließendem Booteverladen und der Bahnrückfahrt mit den Projektschülern! Aber im Geburtsort des Lügenbarons Münchhausen waren alle Lebensgeister wieder intakt – vorerst. Der Schlaf in heimischer Koje dauerte später über zehn Stunden.

XLV. Russische Begegnung und Kaffeeschmuggel

In den achtziger Jahren, noch in den Zeiten des Kalten Krieges zwischen Ost und West, machte ich mit meinen Sechstklässlern einen Tagesausflug nach Bremen. Wir wollten nicht nur die Bremer Stadtmusikanten und den Bremer Roland besuchen, sondern hauptsächlich die beiden großen Hafenbecken, Europa- und Überseehafen, den Warenumschlag und natürlich die großen Pötte in Augenschein nehmen.

Gleich zu Beginn unserer Hafenerkundung gerieten wir an die ›Michail Lomonossow‹. Einem Stückgutfrachter gleichen Namens war ich zwei Jahrzehnte zuvor in der Ostsee vor Norköping begegnet. Er hatte damals unserem westdeutschen Kahn ›Reinhart Lorenz Russ‹ eine Rinne durch das Eis zum schwedischen Hafen freigebrochen. Urplötzlich entstand die Idee, mit meinen Schülern an Bord des Dampfers zu gehen.

Als ich dem Stauerviz (Vorarbeiter der Schauerleute/Hafenarbeiter) mein Vorhaben erklärte, erwiderte er nur: »Du hast wohl ein' anne Pann, do kümmst du nich drop, is ja 'nen Russe.«

Ich machte mich trotzdem auf den Weg zur Gangway und sprach einen Matrosen an, der mit dem Kapitän sprechen wollte. Statt des Alten erschien der *First Mate* (1. Offizier). Ich erzählte von meiner Begegnung (mit der mittlerweile abgewrackten Namensvorgängerin) damals anno 1962. Er hörte interessiert zu, ein Lächeln huschte über sein offenes Gesicht und dann eröffnete er mir: »*Welcome on board our russian motor-vessel!*«

Strahlend über beide Backen bis zu den Ohren ging ich zu meiner wartenden Klasse und sagte nur: »Wir können rauf, machen 'ne Schiffsbesichtigung!«

Dem Steuerviz vom Lagerschuppen fiel seine breite, kantige Kinnlade herunter. »Wie hest du dat denn moukt, ick gläuf dat nich!«

Nachdem ich meinen Schützlingen noch einige wichtige Verhaltensregeln eingetrichtert hatte, wie zum Beispiel, dass man an Bord die steilen Treppen immer rückwärts hinabgeht, ging ich mit ihnen an Bord, sehr zum großen Erstaunen aller Hafenarbeiter an der Pier. Auf der Brücke begrüßten mich der Kapitän und die anderen beiden Offiziere in ihren Uniformen, wie auf russischen Schiffen üblich.

»*We never had such a lot of children here!*« (Wir hatten hier noch nie so viele Kinder).

Dabei musterte der Kapitän die neugierig, aber auch etwas unsicher dreinschauenden Mädchen und Jungen. Der Schiffsführer zeigte seine freundlichste Miene und überließ mir die Erklärungen der Geräte und Armaturen. Von den Brückenfenstern schauten meine Schüler hinunter auf den Ladebetrieb in den vorderen zwei Luken. Dafür musste ich einige hochheben, die gesamte Einrichtung war ja nicht für Kinder gemacht.

»Nun könnt ihr euer Englisch anwenden, habt keine Bange, könnt ruhig auch mal etwas falsch sagen, ich helfe euch dabei.«

Da ich in meinem Unterricht von Beginn an Wert darauf gelegt hatte, keine Scheu vor dem freien Sprechen zu haben, meldeten sich sogleich einige Englischexperten mit gar nicht so unsinnigen Fragen zum Schiff, zur Ladung, zur Besatzung und zu den Häfen. Bereitwillig gaben der Alte und seine Offiziere den Kindern Auskunft. Die ›Michail Lomonossow‹ brachte Butter der EG nach Leningrad, lud aber auch Kaffee und Kakao aus dem kapitalistischen Ausland. Die Schüler wurden per Handschlag verabschiedet und ein Ingenieur führte uns in den

Maschinenraum, wo doch bei einigen Mädchen und Jungen der Mund offenblieb beim Anblick der so ganz anderen Dimensionen auf einem Schiff. Eine Besichtigung des Hauptdecks entfiel, da alle vier Luken von Kränen beladen wurden.

Zurück im Lagerschuppen, an einem ruhigen Plätzchen, auf Kaffeesäcken sitzend, musste unbedingt über unseren Schiffsbesuch gesprochen werden. Das, was ich von den Schülern erhoffte, ging vollends mit meinen Absichten konform.

»Die Russen waren ja eigentlich sehr nett.«

»Die haben Kinder wohl ganz gern.«

»Und sie können sogar Englisch.«

»So, dann wisst ihr auch, warum wir Englisch lernen.«

Mögen Menschen noch so unwissend, dumm und mit Vorurteilen behaftet sein, so ist es doch für einen Lehrenden immer wieder eine Herausforderung und Pflicht, gegen das Bösartige anzukämpfen. In den achtziger Jahren gab es in fast allen Gesellschaftsschichten doch noch gravierende negative Einstellungen gegenüber ›den Russen‹, den russischen Menschen allgemein. Ich war sehr glücklich, dass die Kinder auch das Gegenteil erfahren konnten. Aber klar, überall auf der Welt gibt es schlechte Menschen, keine bösen und guten Völker oder Nationen.

Nach diesem bedeutungsvollen Diskurs konnten wir uns verschiedene Ladungsgüter anschauen und anfassen: Baumwoll- und Kautschuk-Ballen, große Teekisten und Kaffeesäcke. Einige Säcke wiesen nach dem Löschen (Ausladen) Löcher oder Risse auf, aus denen die grünen Bohnen auf den Boden gepurzelt waren. Ich verteilte Plastiktüten und ermunterte meine Schüler, die guten und teuren Bohnen aus Costa Rica aufzusammeln, in die Tüten zu verstauen und gut in der Kleidung oder in ihren Taschen zu verstecken, so dass sie von außen nicht sichtbar waren. Unter dem Mantel der Verschwiegenheit wies ich flüsternd alle an, beim Passieren der Zollgrenze sich nicht auffällig zu benehmen und bloß nicht das Wort Kaffee fallen zu lassen.

»Was wir jetzt machen, ist richtiger Schmuggel.«

»Ja, dürfen wir das denn?«

»Nein, es ist vieles verboten, man darf sich nur nicht erwischen lassen.

An der Freihafengrenze hatte ich vorab die Zöllner informiert, dass wir verschüttete Kaffeebohnen mitführten, die sowieso auf einem Abfallhaufen gelandet wären. Die Zollbeamten nickten verständnisvoll, fragten die Schüler, ob sie etwas zu verzollen hätten, blickten manche mit strenger Dienstmiene an, machten etliche Stichproben, fanden natürlich nichts und ließen uns passieren.

»Jetzt sind wir richtige Schmuggler, ich hab' bestimmt fast zwei Kilogramm in meinem Beutel.« So oder ähnlich äußerten sich meine Schmuggellehrlinge begeistert über die vortreffliche Aktion.

»Zu Hause müsst ihr die Bohnen von Staub und Dreck befreien, waschen, richtig lange trocknen und dann in einer großen Pfanne mit ganz wenig Öl rösten.«

Drei Tage später: »Meine Oma hat gesagt, so einen tollen Kaffee hat sie noch nie getrunken, und dann hat er auch noch nichts gekostet.«

Das kleine Schmuggelabenteuer, augenzwinkernd gebilligt vom Steuerviz im Lagerschuppen und den Zollwächtern, bereitete mir keine Gewissensbisse. Angesichts der Tatsache, dass ein Heer von Spekulanten und Wirtschaftsverbrechern rund um den Globus die Allgemeinheit betrügt und sich an dem bereichert, was rechtschaffende Menschen tagtäglich erarbeiten, war dieser minimale Gesetzesverstoß eine Bagatelle. Meine Klasse und ich hatten einen wahrhaft vortrefflichen Tag in Bremen erlebt.

XLVI. Vom NDR zum Fotografen

Durch mein Vorleben hatte ich die größte Hansestadt kennen- und liebengelernt. Es gab ja viel mehr zu sehen und zu erleben als nur St. Pauli. So fuhr ich mit meiner 10. Klasse zum Norddeutschen Rundfunk, um einen Blick hinter die Kulissen der Rundfunk- und Fernsehmacher zu werfen. Die beeindruckende Technik mit den gewaltigen Aufnahmekameras und vielen Deckenscheinwerfern, den Kameramännern und Beleuchtern faszinierten natürlich, ebenso wie das hautnahe Dabeisein bei der Produktion einer Sendung. Das beeindruckte einen meiner Schüler so sehr, dass er spontan erklärte, nach der Schule zum Fernsehen gehen zu wollen, um Kameramann zu werden.

»Dann müssen Sie erstmal eine richtige Ausbildung absolvieren, am besten eine zum Fotografen«, beschied ihm unser NDR-Betreuer, als gerade Dagmar Berghoff, die erste und langjährige Tagesschausprecherin, vorbeirauschte.

Hans erlernte dann später tatsächlich das Fotografenhandwerk, machte sich selbständig und eröffnete ein Geschäft.

XLVII. Schabernack auf der ›Cap San Diego‹/ Wasserschlacht

Die Abschlusstagesfahrten mit meinen jeweiligen Sechstklässlern der Orientierungsstufe hatten, wie sollte es auch anders sein, Hamburg zum Ziel. Nach diesen beiden Schuljahren hatte sich doch eine gewisse Verbundenheit zwischen Schülern, Lehrern und der Schule entwickelt, so dass dieser letzte gemeinschaftliche Ausflug immer auch einen Schuss Wehmut enthielt.

Nach der obligatorischen Hafenrundfahrt steuerten wir auf der Reeperbahn das Panoptikum an, danach schauten wir vom Fernsehturm auf Deutschlands größte Hafenstadt, spazierten durch den Park ›Planten un Blomen‹ und traten den Rückweg vom Rathaus über die Mönckebergstraße zum Hauptbahnhof an.

Später kamen noch eine Bootstour auf der Alster und die Besichtigung der ›Cap San Diego‹ hinzu. Auf diesem ehemaligen ›weißen Schwan des Südatlantiks‹ konnte ich aus dem Vollen schöpfen: Dort kannte ich mich aus und wir brauchten niemanden, der uns das Schiff erklärte. Nach gemeinsamer Besichtigung durften meine Schüler für eine halbe Stunde in Gruppen zu fünft den Frachter ohne Begleitung erkunden. Doch aus Orientierungslosigkeit oder beabsichtigten Schabernack trafen danach zum festgesetzten Zeit- und Treffpunkt nicht alle Schüler ein! Oder hatte sich Schlimmes ereignet?!

Ich raste über Deck, durch die Gänge des Mitschiffsaufbaus bis zur Brücke, immerhin insgesamt durch vier Stockwerke – Fehlanzeige! Diese Clique konnte sich nur dort ein Versteck ausgeguckt haben, wo die Seeleute selten anzutreffen waren. Ich hetzte durch den Maschinenraum und in den Wellentunnel, an dessen äußerem Ende der Schaumschläger (Schiffsschraube) mit der Antriebswelle der Hauptmaschine verbunden ist. Volltreffer! Schon von weitem nahm ich in dem schwach beleuchteten Gang lautes Jungengelächter wahr und pirschte mich lautlos an die Lorbasse heran.

»Der findet uns hier nie, da kommt er gar nicht drauf!«

»Trotzdem, das gibt bestimmt Theater.«

»Und ob!«, donnerte ich los. Zutiefst erschrocken verstummte die Rasselbande augenblicklich.

»Versteckspielen war einmal – und hier schon mal gar nicht. Jetzt aber schleunigst nach oben an Deck.«

In diesem Fall konnte ich nicht Milde oder Gnade walten lassen und verdonnerte die Missetäter zu einem Bericht über ›*Unsere Abschlussfahrt nach Hamburg*‹. Ich bemühte mich danach um normales Verhalten. Warum sollten die anderen zwanzig Mitschüler unter diesem schlechten Scherz leiden?

Im Park ›Planten un Blomen‹ zogen etliche kleinere und größere Wasserbecken mit kleinen Kunststoffhügeln in der Mitte die Mädchen und Jungen magisch an. Sie waren eben doch noch Kinder! Bei Sonnenschein und sommerlichen Temperaturen mochte ich ihnen einen Gang in das knietiefe Wasser nicht verwehren. Aber ich hätte mir ja schon denken können, dass es nicht bei einem harmlosen Kneipp-Wassergang bleiben würde. Die Aktivitäten in den Wasserbecken wurden ausgelassener und meine Schüler fanden zusehends Spaß daran, sich gegenseitig nass zu spritzen. Als sich Marlon bäuchlings ins kühle Nass plumpsen ließ, spurtete ich von meiner Beobachtungsbank zu meiner Klasse. Zu spät! Denn als ich das Planschbecken erreichte, hatte kaum jemand noch ein trockenes Kleidungsstück am Körper.

»Schluss mit lustig, wollt ihr euch so pitschenass in den Zug setzen?«

Aber mein Einschreiten kam eh zu spät. Ich führte die bewässerte Meute zur S-Bahn und hoffte darauf, dass etliche Anziehsachen (Kleidungsstücke) auf dem Weg dorthin wieder etwas trockener würden, doch weit gefehlt! Dort, wo meine Schüler im S-Bahn-Wagen standen, bildeten sich unübersehbare Wasserpfützen. Die entsetzten, teils fragenden, teils empörten Blicke der umstehenden Fahrgäste musste ich nun kommentieren.

»Die haben sich alle einen Blasenschwächungs-Virus eingefangen.«

Jetzt guckten manche noch böser, andere fingen an zu grinsen. Später im ICE sorgte ich dafür, dass die mitgeführten trockenen Monturen auch mal den Besitzer und Träger wechselten. Manche Eltern hatten dann in Hannover anfangs Mühe, ihre Kinder wiederzuerkennen, zumal wenn eine kleinere Schülerin mit einer Jacke ankam, in die sie zweimal hineinpasste. Am darauffolgenden Montag sah ich meine Klasse wieder, vollzählig, weder hustend noch schnupfend und in bester Stimmung.

XLVIII. Eden und Unna/ Obscheftis und Pass-Tasche / Südsee und Geldsegen

In den siebziger Jahren wurden Klassenfahrten nach (West-) Berlin von Bund, Land und der Kommune bezuschusst. Warum also sollte ich diese Förderung nicht in Anspruch nehmen und mit meiner 10. Realschulklasse zum krönenden Abschluss in die geteilte Metropole fahren? Davon schreckte mich auch nicht ab, dass ich nach der Studienfahrt einen längeren Sach- und Erfahrungsbericht ausarbeiten musste, den ich zur Bewilligung der Fördergelder bei den verschiedenen Institutionen einreichen musste.

Natürlich bildete die damals aktuelle Lage Berlins, die Geschichte der Stadt, die deutsche Teilung und das Leben in der DDR den Schwerpunkt dieser Reise. Aber als genauso lehrreich, unterhaltsam und aus dem Rahmen fallend erwiesen sich mal wieder etliche nicht vorhersehbare Ereignisse – vor allem mit meinen Schülern.

Schon der erste Abend, für den ich keine Veranstaltung organisiert hatte, bescherte uns einen Hauch von ›großer Welt‹. Im bekannten Tanzpalast Eden trafen wir auf Telly Savalas, den glatzköpfigen, ständig Lollies lutschenden Hauptdarsteller der US-Krimiserie ›*Kojak – Einsatz in Manhattan*‹. Auch Schüler aus Unna in NRW tummelten sich auf der Tanzfläche. So blieb es nicht aus, dass sich sehr schnell eine rege Kommunikation zwischen den ›Fischköpfen‹ von der Elbe und den ›Kumpels vom Kohlenpott‹ entwickelte.

Meine Kollegin Elke und ich saßen am Tresen und warfen ab und zu einen Blick auf unsere Schützlinge, die öfter zu uns hinüberlugten und den anderen wohl zu verstehen gaben, dass dort die Aufpasser Stellung bezogen hatten. Ganz ohne Scheu und salopp forderte mich ein Mädchen aus der fremden Klasse zum Tanzen auf. Sicherlich hatte sie eine Wette abgeschlossen, ob sie es schaffen würde, mich auf die Tanzfläche zu schleppen.

»So so, Sie sind also der Klassenlehrer von der Realschule an der Elbe. Wir sind heute auch angekommen und machen gerade unsere Mittlere Reife. Toller Schuppen hier, muss man gewesen sein, wenn man in Berlin ist!«

Sie plapperte munter weiter und nach drei Tänzchen fand diese Lolita nichts dabei, neben mir Platz zu nehmen. Ich fand Gefallen an ihrer burschikosen und unbeschwerten Art, sich mit mir zu unterhalten. Das Thema wechselte schnell von Schule auf Stadt und Land und danach auf Berlin. Kurz vor 22 Uhr verabschiedete sie sich von mir mit einem angedeuteten Busserl, was meinen Schülern aber nicht verborgen blieb. Zehn Tage später, zu Beginn einer Geographiestunde, sprach mich Karsten unter vielsagendem Getuschel und erwartungsvollen Mienen seiner Mitschüler an.

»Sie haben Post, einen Brief aus Unna!«

Das machte mich natürlich augenblicklich verlegen. Ich bedankte mich und ging umgehend zur Tagesordnung über. Diese harmlose Episode lief bestimmt unter dem Motto ›Wetten, dass ...‹, und sicherlich hatten alle Beteiligten ihren Spaß daran.

Nach dem Besuch des Ägyptischen Museums am nächsten Tag blieb ein Begriff in der Klasse – auch über die Schulzeit hinaus – besonders haften und unvergessen. Die Diener und Helfer des Pharaos hießen ›Obscheftis‹. Benötigte jemand Hilfe oder Unterstützung, brauchte also nur das Wort ›Obschefti‹ zu fallen. Gleichwohl bleibt es mir ein Rätsel, warum dieser Begriff so viel Anklang in der Klasse fand.

Am dritten Tag machten wir uns mit der S-Bahn auf den Weg nach Ost-Berlin, der Hauptstadt der Deutschen Demokratischen Republik, die ja bekanntermaßen alles andere als demokratisch war. Alle Pässe befanden sich in der Handtasche meiner Kollegin. Sie schaffte es noch gerade in die Bahn, nicht aber die Handtasche, die baumelte außerhalb der zu schnell geschlossenen Tür im Fahrtwind auf und ab. Was für eine Schreckensfahrt bis zum Bahnhof Friedrichstraße! Wenn die Tasche doch bloß nicht gegen einen Signalmast oder dergleichen knallen würde! Ich wusste nur zu gut, dass ein Mensch absolut gar nichts zählt, wenn ihm die entsprechenden Ausweispapiere fehlen.

Und das Malheur passierte uns ausgerechnet kurz vor dem Betreten des Territoriums der DDR! Ich sah mich schon mitsamt meiner Klasse und Kollegin als Spione in der Obhut der Stasi. Diese bangen Minuten erschienen mir wie eine Ewigkeit. Endlich hielt die Bahn. Die Tasche hatte den luftigen Ausflug überstanden, und nun konnten wir nach langwieriger Kontrolle den ersten sozialistischen deutschen Arbeiter- und Bauernstaat betreten. Leider wurde mir schon Wochen vor der Reise vonseiten der DDR-Behörden jeglicher Besichtigungswunsch verwehrt. Gern hätte ich mit der Klasse die ›Volkskammer‹ oder das ›Haus des Lehrers‹ besucht. So begnügten wir uns mit einem Spaziergang auf der Karl-Marx-Allee, dem Alexanderplatz und zur Gedenkstätte für die Opfer des Faschismus. Immerhin konnten wir, wenn auch nur für ein paar Stunden, sozialistisches Flair erleben.

Am Freitag, einen Tag vor unserer Abreise, hatte ich eine Besichtigung des Völkerkunde-Museums in Dahlem geplant. Nach einem gemeinsamen Rundgang konnten die Schüler in kleinen Gruppen noch einmal die Abteilungen anlaufen, für die sie ein besonderes Interesse hatten. Zur vereinbarten Zeit am festgelegten Treffpunkt glänzte etwa ein Viertel der Klasse, selbstverständlich nur Jungmänner, durch Abwesenheit. Ich spürte meine Halbstarken in der Südsee-Abteilung auf. Der größte Teil war in den exotischen Südsee-Booten oder aber in den Hütten sanft entschlummert. Unfreundlicherweise musste ich sie jählings aus ihren schönsten Südseeträumen, wahrscheinlich gerade mit den hübschesten Hula-Hula-Mädchen tanzend, reißen.

»Wir sind ja so müde, Sie haben uns ganz gut in den fünf Tagen rumgescheucht, war ziemlich anstrengend!«, versuchten sie, sich zu entschuldigen. Erst bei einem Treffen, viele Jahre später, erfuhr ich den wahren Grund für die Müdigkeit: Die

Jungen hatten sich nach der Geisterstunde eine kleine Nachtwanderung durch den Bezirk gegönnt. Der Älteste dieser Truppe war schon 18 und hatte, aus welchen unerfindlichen Gründen auch immer, einen Hauptschlüssel zur Unterkunft in Lichterfelde.

Ein anderes Nachspiel war höchst erfreulich für meine Schüler und ihre Eltern, für mich weniger entzückend. Die Zuschüsse für die Berlin-Studienfahrt erhielt ich erst, nachdem meine lieben Zehntklässler bereits ihre Zeugnisse (Mittlere Reife) in den Händen hielten, der Realschule ade sagten, zum Gymnasium wechselten oder eine Lehre begannen.

Summa summarum schlug diese letzte Klassenfahrt für jeden, selbstverständlich auch für meine Kollegin und mich, mit nur 85 DM zu Buche – für fünf Übernachtungen, Vollverpflegung, Eintrittsgeldern (Museen, Theater und Musical, Zoo, Planetarium, Havel-Bootsfahrt usw.) und einen Bus mit Fahrer während der gesamten Zeit.

Nun stand ich als ordentlicher Beamter in der Pflicht, das zu viel einkassierte Geld zurückzuzahlen. Also musste ich die mehr als dreißig Domizile meiner Ex-Schüler in gut einem Dutzend Orten abklappern. Der Ex-Klassenlehrer war ein willkommener Geldbote – mit allem, was dazugehörte. Hatte ich mir vorgenommen, an einem Abend mindestens vier oder fünf Adressen anzusteuern, so wurden daraus gerade mal zwei – Klönschnack und Köm inklusive. Erst durch diese Aktion wurde mir bewusst, welchen langen Schulweg etliche meiner Schüler auf sich nehmen mussten.

XLIX. Nur ein wenziches Schlöckchen

Ein Jahr zuvor hieß unser Reiseziel Köln. Aber nicht nur der Dom in der rheinischen Metropole, auch das Ahrtal, die Bundeshauptstadt Bonn und vor allem das Braunkohlerevier hatten mich bewogen, diese Reise mit der 9. Klasse zu unternehmen. Schließlich hat Schule einen Bildungsauftrag, auch und gerade auf einer Klassenfahrt. Und in puncto Wissen und Kenntnisse, vor allem zur Geschichte und Geographie, hat das Rheinland ja eine Fülle zu bieten.

Unser Quartier, die Jugendherberge in Köln-Hürth, lag unweit der Brikettfabriken, deren Feuer in der Nacht nicht zu übersehen war. Wer hätte damals daran gedacht, dass dort einmal die Sendungen der privaten Fernsehgesellschaften entstehen würden?! Die Herberge blieb uns in schlechter Erinnerung. Der Herbergsvater trank wohl den ganzen Tag über Wein. Abends, wenn wir uns nach einem anstrengenden Tag auf eine warme Mahlzeit freuten, mussten wir mit Bratheringen aus der Dose vorliebnehmen. Das kalte Wasser in den Duschen eignete sich nicht dafür, den Kohlenstaub, der nach einem längeren Ausflug ins Braunkohlerevier an unseren Füßen haftete, abzuwaschen.

In Mayschoss sah ich es als ein Muss an, einen Weinkeller zu besuchen – Rheinland gleich Weinland. Schon die Fahrt durch das felsige und kurvenreiche Ahrtal faszinierte die Mädchen und Jungen von der plattdeutschen Küste, wie zuvor die Anreise über Bonn den Rhein entlang bis Remagen.

Vor der unausweichlichen Weinprobe musste ich erst einmal eine Belehrung zum Thema ›Wein und Alkohol‹ durchführen. »Nur ein wenziches Schlöckchen, mehr nicht!«, ermahnte ich meine 15- bis 16-Jährigen, wohlwissend, dass wahrscheinlich alle in irgendeiner Form bereits Erfahrungen mit Teufel Branntwein gemacht hatten. Kollektives öffentliches Trinken war ihnen von Schützenfesten nicht unbekannt.

In Freiburg gab es auch den sogenannten ›Schweineball‹, bei dem nach allgemeinem Verzehr von Bier und Köm drei Ferkel zu gewinnen waren. Dabei stellten sich Männer und Frauen im Kreis auf, die jeweiligen Ferkel wurden vom Mittelpunkt aus frei gelassen und suchten sich zwischen den auseinanderstehenden Beinen einen Ausweg. Glücklicher Besitzer wurde dann derjenige, durch dessen Beine das Schweinchen lief. Bei diesen Belustigungen waren natürlich bis zum Abend auch Kinder und Heranwachsende zugegen.

Im riesigen Kellergewölbe in Mayschoss lagerten Hunderte Weinfässer unterschiedlicher Größe, eine neue Erfahrung für die Küstenkinder, die allenfalls Bierfässer kannten. Nach dem gemeinsamen Verzehr von Rotwein aus einem kleinen Glas durfte jeder erkunden, welche Sorten und Jahrgänge im Gewölbe reiften. Einige Jungen zogen es aber vor, das Bedienungspersonal zu beschwatzen, ihr Alter um mindestens zwei Jahre zu erhöhen und von ihrem Taschengeld fleißig mehr Rebensaft zu ordern. Es gab auch genug dunkle Ecken im Keller, in denen sie sich vor Entdeckung sicher fühlten. Zum Abreisezeitpunkt trat die Klasse vollzählig an. Auf dem Weg zum Bus hatten einige jedoch unübersehbare Koordinationsschwierigkeiten beim Gehen. Udo schwankte so stark, dass ich es vorzog, ihn ›auf den Ast (Schulter)‹ zu nehmen und ihn so zum Bus zu schleppen. Ganz schön clever durchdacht von den Lorbässen (ostpreußisch für Schlingel), diese Weinprobe.

Hätte ich eine Gardinenpredigt gehalten und mit Benachrichtigung der Eltern gedroht, hätte man mir mangelnde Aufsichtspflicht vorwerfen können. Als Udo in Hürth wieder einigermaßen nüchtern war, flehte er mich an, bloß nichts seinen Eltern zu erzählen.

»Abgemacht, aber so was kommt nicht noch einmal vor!«

Über vier Jahrzehnte später musste ich traurigerweise erfahren, dass er der erste der Schüler aus meiner ersten Schulklasse war, der verstarb.

L. Mutprobe der besonderen Art

Weitaus viel schlimmere Folgen hätte ein Theaterbesuch in den Herrenhäuser Gärten der Landeshauptstadt haben können. Ich wollte meine Fünftklässler an die ›höhere‹ Kultur heranführen und was eignete sich da besser als das kindgerechte Theaterstück ›*Die Schneekönigin*‹? Außerdem kannte ich einen der Hauptdarsteller mit tschechischem Migrationshintergrund, wie es heute politisch korrekt heißen muss. Die Mädchen waren von dem Schauspiel ganz besonders begeistert, die Jungen eher weniger. Zwei Knaben stifteten einen Dritten zu einer üblen, lebensgefährlichen Mutprobe an, als wir mit der Stadtbahn den zentralen Haltepunkt Kröpcke in Hannovers Stadtmitte erreichten. Wir stiegen aus und warteten an einem anderen Bahnsteig auf die Ankunft des nächsten Zuges.

»Mathias, wetten, dass du nicht traust, dich auf die Bahnsteigkante zu setzen?«

Das ließ sich Matschi nicht zweimal sagen. Ohne seinen Verstand einzuschalten, setzte er sich dorthin und ließ seine Beine über den Schienen baumeln.

Als ich einen Blick auf die Häupter meiner Schüler warf, entdeckte ich etwas abseits der Schülerschar den Unglücksraben, erfasste blitzschnell die Situation, spurtete auf Mathias zu und warf ihn rücklings auf den Boden – gerade als die Scheinwerfer der einfahrenden Bahn auftauchten. Bei dem unsanften Fall nach hinten hatte er sich glücklicherweise nicht verletzt, stand auf und schaute mich mit schuldvoller Miene an.

»Das war knapp, sei froh, dass du noch deine Beine und Füße hast!«, fauchte ich ihn lautstark an.

»Das kommt nicht wieder vor,« gab er kleinlaut zurück.

Ich verdonnerte das Trio dazu, einen Bericht über die absolut indiskutable Mutprobe zu verfassen. Dabei kam Mathias zu der einleuchtenden Erkenntnis: Ich muss wohl ziemlich dumm im Kopf gewesen sein.

LI. Spaziergang über Gleise

Nach dem Besuch des Vogelparks in Walsrode ereignete sich auf dem kleinen, überschaubaren Bahnhof wieder mal ein Denkaussetzer zweier Schüler, glücklicherweise weniger dramatisch als der in der Stadtbahnstation.

Obwohl ich strikte Anweisung gegeben hatte, keine Gleise im Bahnhof des Heide-Kleinstädtchens zu überqueren, meinten zwei Frechdachse, dieses nun erst recht ausprobieren zu müssen. Sie wähnten sich unbeobachtet, aber diese zur Schau gestellte Geringschätzung meiner Order blieb mir nicht verborgen. Als erzieherische Maßnahme mussten sie auch ihre Missachtung von Regeln in einem Bericht reflektieren.

Einer der beiden Übeltäter bat mich unter Tränen und mit total zerknirschtem Gesichtsausdruck, bloß nichts seinen Eltern zu erzählen. Mein Versprechen zu schweigen, habe ich, trotz des andauernden Kontaktes zur Mutter*, bis jetzt gehalten. Man mag darüber streiten, ob es den ›lieben Gott‹ gibt oder nicht, aber diese beiden Erlebnisse mit meinen Schülern und der Bahn bestärken mich in der Annahme, dass es einen Teufel gibt.

* der Kollegin an der gleichen Schule

LII. Das Salzschwein und die ›Protestierenden‹

Der Besuch bei den gefiederten, bunten Zweibeinern auf dem Rückweg einer Klassenfahrt nach Lüneburg passte nicht nur geographisch zum Programm. Nach den Begegnungen in der uralten Hansestadt und ihrer Geschichte hielt ich zum Abschluss der Fahrt den Besuch des Vogelparks auch für ein gutes, lehrreiches Kontrastrepertoire.

Die Legende vom Lüneburger Schwein, das der Stadt Ansehen, Handel und Wohlstand brachte, mochten die Sechstklässler nicht so recht glauben. Daniel, der außerhalb des Stadtbezirks in einem nahegelegenen Dorf wohnte, brachte seine Landwirtschaftserfahrungen ein.

»Hab noch nie 'n Schwein gesehen, das scharf auf Salz war, die Geschichte vom Salzschwein glaube ich nicht so richtig.«

»Die brauchen aber auch Mineralien, außerdem ist ja das Salzschwein so etwas wie eine Sage.«

Bei einem Bummel durch einen Bezirk fernab der von Touris überlaufenen Stadtmitte war ich mit meiner jüngeren Kollegin dermaßen in ein Gespräch vertieft, dass wir beide erst spät merkten, wie unsere Schülerschar kleiner geworden war.

»Wo sind denn die anderen?«

»Die sind vorhin in die kleine Straße da hinten reingelaufen.«

Umgehend marschierte ich zurück, als mir schon die ersten Abtrünnigen entgegenkamen.

»Wir waren da an so einem Haus mit roten Türen und Fenstern. Da saßen Frauen ohne Anziehsachen,« erzählte die kleine Sonja. »Das waren bestimmt Provozierende oder Protestuierende oder wie sie heißen,« meinte der schlaue Olaf.

»Ach was, das ist ein Puff gewesen,« stellte der frühreife Marcel fest. Was sollte ich nun tun? Im beschaulichen Lüneburg die 12- und 13-Jährigen über Prostitution aufklären, ausgerechnet hier? Die Entdeckung eines Bordells in dieser gutbürgerlichen Stadt hätte ich nicht für möglich gehalten, ohne meine neugierigen Ausspäher wäre ich um eine Erfahrung ärmer gewesen. Andererseits mochte ich nicht weiter ausführlich mit meiner Klasse über das Geschehene reden. Womöglich wäre dann das Gerücht entstanden, dass ein Lehrer Exkursionen zu Freudenhäusern durchführt – und das auch noch mit Kindern!

LIII. Sieben Kugeln und Pythagoras

Auf der Bundesgartenschau in Magdeburg konnte ich wieder erleben, dass man Kinder sehr wohl begeistern kann – auch für Mathematik und Physik. Ich erinnere mich noch sehr gut daran, dass so manchem Schüler der Unterkiefer vor lauter Staunen hängenblieb, wenn bei sieben aneinander gereihten schweren Eisenkugeln die beiden äußeren Kugeln auf die übrigen fünf stießen und die drei Kugeln in der Mitte einfach stehen blieben, während die beiden anderen sich in Bewegung setzten. Dieses Phänomen war auch mir unbekannt, verdeutlicht aber einfach das Energie-Erhaltungsgesetz.

Bei einem anderen, mathematischen Experiment aus der Dreieckslehre wurde der Satz des Pythagoras ($a^2 + b^2 = c^2$) so deutlich veranschaulicht, dass selbst meine Fünftklässler diesen Grundsatz der Geometrie schon begriffen. In diesem aus Holz gebauten Entdecker- und Erlebnisturm wären die Mädchen und Jungen noch weitere Stunden geblieben. Ich musste sie beinahe mit physischer Gewalt hinaustreiben. Wir schafften es in letzter Sekunde in die Bahn zurück nach Hannover. Wann erlebt man als Lehrer schon mal, dass Schüler vor lauter Neugier, Wissensdurst und Erkenntnishunger alles andere absolut vergessen können?

LIV. Alter schützt vor Torheit nicht

Ein besonderes Anliegen sah ich darin, den Kindern, die in Kehdingen am Südufer der Elbe zwischen Stade und der Oste-Mündung im Flachland aufwuchsen die so ganz andere Landschaft der deutschen Mittelgebirge, unserer größten Zone, nahe zu bringen.

So fuhr ich mit meinen Achtklässlern nach Scheid an der Edertalsperre in die Jugendherberge. Der Herbergsvater, ein Mittfünfziger mit stets aggressivem Schäferhund in Begleitung, konnte es nicht lassen, die 14- bis 15-jährigen Mädchen auch mal handfest anzufassen.

Als ich ihn zur Rede stellte und ihm unmissverständlich klarmachte, solche Verhaltensweisen nicht zu tolerieren, ließ er ab 22 Uhr seinen unsympathischen Schäferhund von der Leine. Demzufolge wagte niemand mehr, nach dieser Uhrzeit aus dem Haus zu gehen. Wie konnte solch ein charakterlich ungeeigneter Mensch nur Herbergsvater werden?

LV. Der Weser-Kuss

In Hannoversch-Münden, der Stadt Doktor Eisenbarts, dem Vorläufer geldgieriger Mediziner, fließen bekanntlich Werra und Fulda zusammen. Daher ist es auch ein absolutes Muss, den Text auf dem Weserstein, an dessen Punkt die Weser beginnt, zu lesen: ›*Wo Werra sich und Fulda küssen, sie ihre Namen büßen müssen, und hier entsteht durch diesen Kuss deutsch bis zum Meer der Weser Fluss*‹

Das nahmen auf dieser Klassenfahrt Thies und Anke recht wörtlich und posierten für ein Erinnerungsfoto vor dem Stein, tatsächlich mit einem richtigen Kuss! Immerhin sind Achtklässler schon in der Pubertät und ich sah keine Veranlassung, diesen Kuss zu kommentieren. Ich war nur höchst verwundert, welch zartes Pflänzchen von Zuneigung sich innerhalb der Klasse entwickelt hatte.

LVI. Seenot-Rettungskreuzer und Irrfahrt

Meine letzte Reise, wie sollte es auch anders sein, führte mich durch das Nordfriesische Wattenmeer auf die Insel Amrum, bei dieser Klassenfahrt aber zum ersten und letzten Mal in der Funktion des Begleitlehrers.

Am Tag vor der Abreise von der Jugendherberge Wittdünn klagte Ilka über heftige Bauchschmerzen. Die Klassenlehrerin entschloss sich kurzerhand, das bedauernswerte Mädchen ins nächste Krankenhaus zu befördern. Das befand sich jedoch in Wyk auf Föhr. Ein Seenot-Rettungskreuzer, den wir gerade tags zuvor bestaunt hatten, übernahm den Transport. Aus verständlichen Gründen begleitete die Klassenlehrerin ihre Schülerin und nun war ich, wenn auch nur für kurze Zeit, der Ansprechpartner dieser Klasse, in der ich WUK unterrichtete. Um die etwas gedrückte Stimmung ein wenig aufzuhellen und die Mitschüler Ilkas vom Thema Bauchweh, Krankenhaus und Seenot-

Rettungskreuzer abzulenken, unternahmen wir noch eine Abendwanderung zum breiten Strand des Kniepsands. Danach spielten wir noch eine Runde Stadt-Land-Fluss-Insel.

Am nächsten Vormittag enterten Ilka und ihre Lehrerin in Wyk auf Föhr die Fähre nach Dagebüll. Glücklicherweise hatte man im Krankenhaus nichts Ernstliches festgestellt und so konnte die Klasse vollzählig den Bus zurück nach Hannover besteigen. Aber bereits weit vor Hamburg wurde vor einem Stau vor dem Elbtunnel gewarnt.

Mein Vorschlag, Hamburg weiträumig so zu umfahren, dass man über die Elbbrücken im Osten der Metropole Richtung Süden weiterfahren könne, wurde vom Busfahrer ignoriert. Er fuhr also stur in den unvermeidlichen Stau, bog dann von der Autobahn in Richtung Stadtmitte ab, kurvte ziellos durch die Hansestadt und fuhr nach einer dreiviertel Stunde wieder dort auf die Autobahn, wo er sie zuvor verlassen hatte. Natürlich wollten unsere Schützlinge zur vorausgeplanten Zeit zu Hause sein und die Eltern sollten sich keine unnötigen Sorgen machen. Über meinen Zornesausbruch möchte ich lieber schweigen, gegen menschliche Unvernunft ist leider kein Kraut gewachsen.

Mit fast zweistündiger Verspätung war nun endlich das Ziel, unsere Schule, erreicht und Mütter und Väter konnten aufatmen. Ich eilte in das Schulgebäude und schaute in mein Postfach. Ungläubig las ich ein offizielles Schreiben, in dem mir das Ende meiner Lehrerzeit mitgeteilt wurde.

Teil 3: Schule in Schottland & der Karibik

LVII. Talar, Geister und *Standing ovations*

Vor der Tür des Rektorenzimmers überwältigte mich für einen Moment ein Gefühl von Ängstlichkeit und Sorge.

»Worauf hast du dich bloß eingelassen, drei Wochen an einer schottischen Schule zu verbringen, so perfekt ist dein Englisch nun auch wieder nicht, blamier dich nur nicht!«

Diese und andere hasenfüßigen Gedanken erwiesen sich – wie so oft – im Nachhinein als überflüssig und unbegründet. Ich klopfte an das vornehm wirkende dunkle Holz des Portals, die Tür wurde geöffnet und vor mir stand M. A., Rector O. McLauchlan in einem schwarzen Talar, über 1,90 Meter groß, mit leicht strengen Gesichtszügen und etwa Mitte 50. Schon dieses äußere Erscheinungsbild gab mir unmissverständlich zu verstehen: Das also war der unumschränkte Chef der Balwearie High School in Kirkaldy!

Zunächst erkundigte er sich schon beinahe fürsorglich über meine Anreise ›*by car*‹ und über meine ›*accomodation*‹ (Unterkunft), die er organisiert hatte, um mich dann nach meinen Wünschen und Erwartungen zu fragen. Der Plan, den er mir tags darauf aushändigte, entsprach ganz meinen Interessen. Am Ende hatte ich aber weniger hospitiert, dafür aber überwiegend selbst unterrichtet.

Das wichtigste Ereignis hatte mein neuer Boss mir aber für den nächsten Tag aufgebürdet: Meine Antrittsrede vor eintausendfünfhundert Schülern und einhundert Lehrkräften(!) in der morgendlichen ›*assembly*‹ (Versammlung in der Aula). Nachdem ich mich innerlich auf meine Ansprache eingestellt hatte, konnte ich zum Abschluss ein volles Sherry-Glas sehr wohl gebrauchen und stieß mit dem Boss auf ein gutes Gelingen an.

Um neun Uhr am nächsten Tag, nach der Begrüßung und einem Gebet(!), hielt der Rektor eine kurze Rede über eine Abhandlung Schopenhauers über Lust und Lustverzicht, nach meinem Empfinden quasi mit erhobenem Zeigefinger doch etwas zu sehr moralisierend.

Jetzt war ich an der Reihe, meine erste Rede vor einem größeren Publikum! Ich blickte in freundliche, wohlgesonnene Gesichter und verlor schnell meine anfängliche Nervosität. Nach den üblichen Begrüßungsformeln und meinen zuversichtlichen Erwartungen an die nächsten Wochen widmete ich mich in erster Linie dem eigentlichen Grund für die Arbeit an einer ausländischen Schule.

Nun war doch am Abend zuvor eine gewisse Übersetzungsvorbereitung vonnöten geworden. Bestimmte Redewendungen lassen sich ja nicht 1:1 in eine andere Sprache umsetzen. So gut es mein Sprachvermögen erlaubte, wollte ich meinen schottischen Zuhörern die Redensarten ›Über den Tellerrand schauen‹ und ›Den Horizont erweitern‹ vermitteln. Das gelang mir anscheinend mit kleinen humoristischen Gesten wohl recht ordentlich, als ich dabei auf Schüler und Lehrer schaute.

Natürlich durften auch Hinweise auf Gemeinsamkeiten in den Beziehungen Deutschlands zum Vereinigten Königreich nicht fehlen. Auch achtete ich darauf, dass Schotten sich in erster Linie als Schotten fühlten, vielleicht noch als Briten – aber niemals als Engländer!

Im Geschichtsunterricht hatte die Historie Schottlands absolute Priorität, nicht die Vergangenheit Großbritanniens. Die eigenständige Kultur der Schotten mit ihrem reichhaltigen Brauchtum und ihren Traditionen lassen sich bei uns mit der urtümlichen Lebensart in Bayern vergleichen. Was im Ausland für typisch britisch gehalten wird, ist sehr schottisch, ebenso wie Gepflogenheiten in Bayern in anderen Ländern als typisch deutsch gelten. Bei diesen Betrachtungen sprach ich wohlweislich nicht das bei uns vorherrschende Vorurteil des geizigen Schotten an.

Als ich davon berichtete, dass ich schon vor zwanzig Jahren zum ersten Mal die schottischen Küsten vom Meer ausgesehen hatte, erntete ich leichtes Gelächter und war darüber kurz irritiert. Statt ›*scottish coasts*‹ hatte mein Publikum wohl ›*scottish ghosts*‹ (Geister) verstanden, von denen es bekanntlich ja auch sehr viele in ihren Burgen und Schlössern gibt.

Meine Urlaubsreise nach Schottland vier Jahre zuvor musste folgerichtig auch erwähnt werden. Ich sparte ehrlicherweise nicht mit Lob über Land und Leute, beklagte mich nur über das zeitweise schlechte Wetter.

Am Schluss meiner Antrittsrede überreichte ich Mr. McLauchlan mein Gastgeschenk für die Schulbibliothek: einen umfangreichen Bildband mit ausführlichen Texten in Deutsch und Englisch über Lower Saxony (Niedersachsen) und Bremen. Nach dieser Premiere klatschten alle gemeinsam, erhoben sich von ihren Stühlen und begaben sich in ihre jeweiligen Unterrichtsräume. Standing Ovations, ob aus Anerkennung oder nur aus Höflichkeit, mir war es einerlei; ich war glücklich, meine erste große Hürde überwunden zu haben.

LVIII. Ständige Konferenz der Kultusminister

Schon acht Monate zuvor, Ende Juni 1982, hatte ich mich beim ›Sekretariat der Ständigen Konferenz der Kultusminister der Länder der Bundesrepublik Deutschland / pädagogischer Austauschdienst‹ um eine Hospitation deutscher Lehrer in Großbritannien beworben. Als ›kleiner Lehrer‹ an einer Orientierungsstufe (Niedersachsen, 5. und 6. Klasse) glaubte ich, ziemlich chancenlos zu sein und war ganz überrascht, als Weihnachtsgeschenk die Nachricht über den Erfolg meiner Bemühung zu erhalten. Wenigstens das hatte dieser eher glücklose Kultusminister-Verein geschafft. Bis heute kommen kaum nennenswerte Fortschritte bei der Vereinheitlichung der Länderschulpolitik zustande.

LIX. Robinson und Mrs. Gow

Erst einmal musste ich nachschauen, wo denn nun in Schottland der Ort Kirkcaldy zu finden war. Die Industriestadt mit sechzigtausend Einwohnern liegt direkt in nördlicher Richtung gegenüber der Metropole Edinburgh am Firth of Forth. Damals wurde dort noch Kohle gefördert und in nicht gerade modernen Fabriken Linoleum hergestellt.

In nordöstlicher Richtung, etwa zehn Meilen von Kirkcaldy entfernt, kann man das Geburtshaus von Alexander Selkirk im Örtchen Lower Largo besichtigen. Dieser schottische Seemann inspirierte Daniel Defoe zu seinem Roman über Robinson Crusoe. Weiter nördlich liegt das kleine, aber feine Universitätsstädtchen St. Andrews. Ansonsten ist dieser schottische Bezirk namens Fife nicht gerade für übermäßigen Tourismus bekannt, ganz anders als in der Hauptstadt Edinburgh.

Meine Unterkunft in einem der typischen älteren Backsteinhäuser und die Schule lagen nicht weit auseinander, so dass ich oft zu Fuß meinen Schulweg bewältigte. Dabei musste ein Park durchquert werden, in dem ich bereits nach einer Woche mit »Hello, Mr. Garna!« von Schülern oder Lehrern begrüßt wurde. Das war dann wieder ein Moment, in dem ich mich wie ein Weltbürger fühlte. Mrs. Gow, meine (Gast-)Wirtin, eine resolute Endfünfzigerin, sorgte ausgezeichnet für mein leibliches Wohl, schaltete aber nachts die Heizung aus. Darauf angesprochen, erwiderte sie nur, dass es nicht üblich sei, im Warmen zu schlafen und das dies in Schottland schon immer so gewesen sei. Also schlüpfte ich in meinen Schlafsack und schaute morgens durch vereiste Fenster. Ich gewöhnte mich schnell daran und trug keinen gesundheitlichen Schaden davon. Sollte ich schon ein richtiger Schotte geworden sein?

Mrs. Gow hatte zwei Söhne in den Zwanzigern, die zum Wochenende ihre schmutzige Wäsche bei Mum abluden, wenn sie von ihren Schulen auf den Inseln Islay und Arran an der

Westküste heimkehrten. Dann wurde das Haus zu einer richtigen Lehrer-Heimstatt. Natürlich war die gute Frau *not amused,* sondern ziemlich erbost, nur als Hotel Mama zu dienen, was sie mir am Sonntagabend wortreich zu verstehen gab. Zwischen uns fiel nie ein böses Wort. Umso mehr erstaunte mich das, als ich später von einem ihrer Söhne hörte, dass ihr erster Ehemann am Ende des Krieges in deutscher Kriegsgefangenschaft gestorben war.

LX. Kleiderordnung und Prügel-Gürtel

Anders als bei uns existierte eine gewisse Kleiderordnung. Lehrer trugen in der Regel Schlips und Anzug, Lehrerinnen ausnahmslos Röcke, was so manchen Kollegen sicherlich erfreute. Für die Schüler bestand seit zwei Jahren keine Pflicht mehr, die Schuluniform zu tragen. Manche trugen Uniformjacken und die dazugehörigen Hosen und Röcke oder nur die Jacke oder nur die Hose oder Rock, aber fast alle hatten eine Krawatte umgebunden.

Ein anderes Thema war die Prügelstrafe, die nach einer Übergangszeit abgeschafft werden sollte. Jetzt galt noch die Regelung ›*punishment exercices*‹ (Strafarbeiten) oder ›*punishment belt*‹ (Strafgürtel). Kurioserweise gaben die meisten Schüler der Prügelstrafe den Vorzug gegenüber seitenlangen Strafarbeiten, wie sie mir in Pausenhofgesprächen versicherten. Im Übrigen verordneten die Lehrer recht selten Strafen. In den Massenmedien, vor allem in bestimmten Boulevardblättern, wurden heftige Kampagnen für die Beibehaltung der körperlichen Züchtigung gestartet. Gründe fand man im zunehmenden Vandalismus und verstärkter Disziplinlosigkeit an den Schulen in den Großstädten, vor allem in Glasgow. In Kirkcaldy waren beide Erscheinungen überhaupt kein Thema.

LXI. Sportliche Ansage

Während des einstündigen ›*lunch break*‹ (Mittagspause) standen Schüler und (!) Lehrer geduldig in Reih und Glied an, um ihr preiswertes Mittagessen zu ordern. Auffällig erschien mir hier in der ›*lunch hall*‹, wie auch andernorts in der Schule, der geringe Lärmpegel und eine gewisse Geruhsamkeit. Das Verhältnis zwischen Lehrenden und Lernenden war von gegenseitigem Respekt geprägt, nicht von Autoritätsgebaren, aber auch nicht von Unterwürfigkeit.

Als ein Lehrer eine Gruppe älterer Schüler in einer versteckten Ecke des Pausenhofs beinahe in flagranti beim Rauchen erwischt hatte, bemerkte er nur ganz trocken: »Ich kenne alle Winkel, wo ihr meint, euch sicher zu fühlen. Das nächste Mal erwische ich euch garantiert auf frischer Tat, wenn ihr noch am Rauchen seid und die Zigaretten glühen. Dieses Mal habt ihr noch mal Glück gehabt, hoffentlich brennt ihr euch ein Loch in die Hose mit den versteckten Glimmstängeln!« Eine klare, fast sportliche Ansage.

LXII. Metallarbeit, Wissenschaftshalle, Regeln & Normen

Der Schwerpunkt dieser High School lag eindeutig im technisch-wissenschaftlichen Bereich. Neben den üblichen Fächern, die auch bei uns in einer IGS (Integrierte Gesamtschule) belegt werden können, bestand aber auch die Möglichkeit, handwerkliche Fähigkeiten zu erlernen – an Holzbearbeitungsmaschinen (Fach ›*woodwork*‹) oder sogar an Drehbänken (Fach ›*metal work*‹).

Besonders stolz war die Schule auf ihre *Science Hall,* in der die Schüler größtenteils selbstständig in kleinen Gruppen die Grundlagen in Physik, Chemie und Biologie erlernten. Die Lehrer hatten nur eine beratende Funktion. Dieses Arbeiten mit individuell selbst gestaltetem Lerntempo erforderte naturgemäß eine gründliche und umfangreiche Vorarbeit seitens der Lehrer. Ich war erstaunt, wie reibungslos und ruhig über sechzig Schüler in dieser Wissenschaftshalle mit Magneten, Schaltkreisen, Gläsern, Gasbrennern, Mikroskopen und vielen verschiedenen Materialien arbeiteten.

Hierbei erforschten sie die Themenbereiche ›*weight*‹ (Gewicht), ›*general observation*‹ (allgemeine Beobachtungen), ›*temperature*‹, ›*length*‹ (Längen) ›*volume, looking at small things*‹ (arbeiten mit dem Mikroskop), ›*electricity*‹ und ›*classification biology*‹. Auch für die beiden Sportbereiche, *P. E. (›physical education‹)* und ›*games*‹ gab es hervorragende und bestens ausgestattete Anlagen, inklusive eines Schwimmbads! Geräteturnen hingegen hatte nicht den Rang, den es bei uns hat.

Zieht man Vergleiche mit den westdeutschen Schulen, so bleibt festzustellen, dass man in Schottland wahrlich nicht geizig ist, wenn es um die Bildungskosten geht. Die *Balwearie High School* bestand auch schon über zwanzig Jahre, aber verrottete Schulgebäude oder verdreckte, unansehnliche Toiletten konnte ich nicht entdecken. Vielleicht lagen die Gründe für das Funktionieren auch an eigentlich selbstverständlichen Regeln und Normen, schlicht und einfach an der besseren Erziehung, sowohl seitens der Schule als auch seitens der Eltern. Über solche Irrwege wie die antiautoritäre Erziehung schüttelten die schottischen Kollegen nur den Kopf. Vielleicht aber auch, weil ein Engländer diese Mode an seiner Schule ›*Summerhill*‹ praktizierte?

LXIII. Der Onkel im Kindergarten

Während meiner Zeit in Kirkcaldy hatte Rektor McLauchlin es freundlicherweise so organisiert, dass ich Einblicke in alle Schulformen nehmen konnte, von der ›*nursery school*‹ (Vorschule), der ›*primary school*‹ (erweiterte Grundschule, Klasse 1 bis 7), der ›*secondary school*‹ (hier also die High School, Klasse 8 bis maximal 13) bis zur Schule für ›*special education*‹ (Förderschule), in der ›*mild mental disabled*‹ (lernbehinderte) Schüler unterrichtet wurden. Die lieben Kleinen in der ›*nursery school*‹ legten schon in ihrem zarten Alter von vier Jahren eine bemerkenswerte Freundlichkeit, Disziplin und wenig Streit- und Zankbereitschaft an den Tag. Schwerpunkt der Erziehung in der ›*nursery school*‹ war nach Worten der Leiterin die frühzeitige Integration von Kindern aus verschiedenen Gesellschaftsschichten und Herkunftsländern des ehemaligen British Empire. Es wurden noch keine besonderen schulischen Fertigkeiten oder Kenntnisse vermittelt. Die Kinder malten, bastelten und spielten einträchtig ohne größeren Lärm miteinander.

Auf einem großen Gummiball sitzend las ich den Kindern aus einem Märchenbuch vor, als mich eine kleine sommersprossige, rothaarige Schottin bat: »*Please, uncle, can you read me this story about the bad dragon?*« Später hat mich dann leider kein fremdes Mädchen mehr mit ›Onkel‹ angesprochen und mich gebeten, ihr die Geschichte vom bösen Drachen vorzulesen.

Und dann kam der Moment, der sich tief in meinem Bewusstsein und Gedächtnis verankert hat. Sechs kleine Menschen, Mädchen und Jungen mit Migrationshintergrund, aus Hongkong, Bangladesch und Jamaika, wollten die Namen der Tiere auf Englisch wissen, die in einem Bilderbuch abgebildet waren. Auch wenn es in Großbritannien kaum solche ›*farms*‹ geben mochte, in diesem Buch gab es ihn noch, den guten, alten Bauernhof mit seinen vielen zwei- und vierbeinigen Geschöpfen. Wie zutraulich, unvoreingenommen und wissbegierig die kleinen werdenden Persönlichkeiten waren, und dabei noch freundlich lächelnd! Da brachte also ein Deutscher in Schottland diesen drolligen Menschenkindern aus aller Welt bei, was ein ›*chicken*‹, ›*hen*‹, ›*cock*‹ oder ›*pig*‹ war. Als ich dann noch die entsprechenden Tiergeräusche nachahmte, wollte das Lachen der Kinder kein Ende nehmen. Was wohl aus diesen fröhlichen Erdenbürgern später geworden ist?

LXIV. Die lange Grundschule / Eine merkwürdige Frage

Die Einschulung in die ›*primary school*‹ beginnt schon mit fünf Jahren. Hier bleiben die Schüler sieben Schuljahre bis sie zur ›*secondary school*‹ wechseln, an der sie mindestens vier Jahre bleiben. Somit gibt es also eine elfjährige Schulpflicht.

Der Anteil weiblicher Lehrkräfte ist, genau wie bei uns, besonders hoch. Es wird auf breiter Ebene bemängelt, dass zu wenige Männer ein ›*primary school*‹-Studium absolvieren. Die Klassenlehrer(innen) unterrichten fast alle Fächer. Für die Bereiche Schauspiel, Musik und besondere Spiele werden schulfremde Kräfte engagiert.

Der Unterricht ist im Allgemeinen auf die individuelle Lernfähigkeit der Schüler abgestimmt. So wird in Englisch mit verschiedenen Lehrwerken gearbeitet. Schüler lernen zu Beginn die Wörter zu schreiben, deren Aussprache mit der Schreibweise übereinstimmt und erst später die Wörter, deren Aussprache und Schriftform voneinander abweichen. Dies ist ein Sachverhalt, der im Deutschen so nicht zu berücksichtigen ist. In Erdkunde, Geschichte und Sozialkunde gibt es, ebenso wie bei uns in der Orientierungsstufe, keine besondere Fächertrennung. Schottland dominiert in diesen Fachgebieten, ein Indiz für einen besonderen schottischen Patriotismus. In den ›*unit studies*‹ werden alle Aspekte anhand eines Themas möglichst selbständig behandelt. Diese unserem Projektunterricht ähnliche Lernweise findet einmal in den letzten beiden Schuljahren (Klasse 6 und 7) für zwei Monate statt.

Bei meinem Besuch hatte ich auch mein Alter genannt. Die Frage eines Schülers der 5. Klasse, ob ich auch als Soldat im Krieg gewesen wäre, wirkte auf mich doch, höflich formuliert, sehr befremdlich. Ich hielt meinen Zorn darüber im Zaum, als ich im Lehrerzimmer diese fast unglaubliche Schülerfrage aufgriff.

Die Kollegen spürten aber deutlich, dass ich *not amused* darüber war und versuchten, die Frage mit mangelndem Zeitverständnis zu erklären. Als Gast konnte und durfte ich nicht allzu taktlos wirken, trotzdem sprach ich auch die nicht gerade wenigen Comic-Publikationen an, in denen Deutsche oftmals nur als besonders perfide Nazis dargestellt wurden – und das siebenunddreißig Jahre nach Ende des II. Weltkriegs.

»*We live in a democracy and we don't have any censorship!*«, versuchte eine Kollegin das falsche Bild der Deutschen in diesen Comic-Heften zu entschuldigen. Aber ist deshalb alles in den Medien erlaubt, nur weil es keine Zensur, keine Kontrolle gibt?!

LXV. Mental mild behindert

Zu guter Letzt, in der Abteilung für ›*special education*‹, die der Balwearie High School angegliedert war, erstaunte mich wieder einmal die äußerliche Ausstattung der Schule für ›*mild mental disabled*‹ (Lernbehinderte).

In hellen, bunten, freundlichen Räumen arbeiteten die Lerngruppen (acht bis zwölf Schüler) mit modernen Medien (TV, Videorecorder und den frühen, einfachen Computern). Die Lehrer absolvieren eine spezielle, einjährige Zusatzausbildung und sind sehr bemüht, diese Schüler auf die praktischen Dinge des späteren Lebens vorzubereiten.

So wurden die aktuellsten TV News angeschaut und darüber gesprochen. Es wurde gepflanzt und gesät, gezeichnet und gebastelt. Anhand eines Dominospiels wurde Bruchrechnung geübt. Und auch hier erfreute mich der freundliche, höfliche Umgangston.

LXVI. Ganztags-Unterricht: müde Schüler am Nachmittag

In den ersten Wochen hatte ich sowohl im ›*Department of Foreign Languages*‹ als auch im ›*Department of Social Studies*‹ in den verschiedenen Klassen und Kursen mehr unterrichtet als hospitiert, teils aus eigenem Interesse, teils weil mich die Lehrkräfte oder Schüler darum baten.

Glücklicherweise begann die Anwesenheitspflicht erst um neun Uhr mit der ›*assembly*‹, danach folgten unterschiedlich lange Unterrichtseinheiten von fünfunddreißig bis siebzig Minuten Dauer, unterbrochen von einer zwanzigminütigen Vormittagspause und dem einstündigen ›*lunch break*‹. Danach begann der unergiebige Nachmittagsunterricht bis um 15:50 Uhr.

Man brauchte kein Experte zu sein, um schnell herauszufinden, dass fast alle, Schüler wie Lehrer, nachmittags in einem Leistungstief steckten, ganz besonders bei den Lehrkräften ersichtlich, die in dem ›*lunch break*‹ auch noch auf dem großzügig angelegten Sportareal ihre Joggingrunden drehten.

LXVII. Cadolzburg / Deutsch als Fremdsprache

Unerklärlich blieb mir die Ausrichtung der Landeskunde auf den südlichen, deutschen Sprachraum. Lag es vielleicht daran, dass der hannoversche König auch als Monarch des United Kingdom über die Schotten herrschte, die von dieser Personalunion (1714-1837) bestimmt nicht begeistert waren?

Im Lehrwerk für Deutsch wurde der Ort Cadolzburg, westlich von Fürth gelegen, als typische deutsche Kleinstadt auserkoren, in der die Geschichten im Sprachlehrbuch spielten. Aus eigener Erfahrung war mir bekannt, dass so mancher Brite, der Deutsch als Fremdsprache gewählt hatte, dieses recht ansehnliche Städtchen in natura sehen wollte und sich dafür nach Franken aufmachte.

Schüler müssen sich nach der ›*primary school*‹ für eine der beiden Fremdsprachen Französisch oder Deutsch entscheiden, können dann aber nach zwei Schuljahren den jeweiligen Spracherwerb beenden oder fortführen. Überwiegend wählten die Schüler Französisch. Ich fragte die, die Deutsch gewählt hatten, nach ihren Gründen. Besonders tiefschürfende Beweggründe gab es dafür aber nicht, sondern lediglich recht profane Erklärungen, wie »Ich mag kein Französisch«, »Möchte später mal in Deutschland arbeiten« oder »Meine Geschwister haben auch Deutsch gelernt«.

Verständlicherweise ist die Motivation für das Erlernen einer Fremdsprache in Großbritannien eher gering. Anscheinend war den Schülern noch nicht so recht bewusst, dass über einhundert Millionen Menschen in Europa Deutsch sprechen und somit diese Sprache, abgesehen vom russischen Sprachraum, unangefochten die Spitzenstellung bei den europäischen Sprachen einnimmt. Leider wird diese Tatsache bei den Bezeichnungen der europäischen Institutionen total ignoriert.

Warum nur?!

LXVIII. Sprache und Geschichte

Die Schwerpunkte meines Unterrichts als ›*native speaker*‹ (in meinem Fall also als Deutscher) hatten inhaltlich ein vielfältiges Spektrum. Zuerst einmal schien es mir wichtig zu sein, mit den Schülern den aktuellen deutschen Sprachraum auf geographischer Ebene zu behandeln, da sie offensichtlich nicht wussten, dass außerhalb beider deutscher Staaten, Österreich und der Schweiz auch noch in anderen Staaten regional Deutsch gesprochen wurde. (Nun, das wissen aber auch viele meiner Landsleute nicht, weil es von den Lehrkräften einfach dogmatisch totgeschwiegen wird).

So war ihnen nicht bekannt, dass in der Region Südtirol, die zu Italien gehört, die Muttersprache Deutsch ist. Auch im französischen Elsass, das Jahrhunderte zum deutschen Sprachraum gehörte, wird Deutsch in alemannischer Mundart gesprochen. Ebenso gibt es im äußersten Osten Belgiens einen Landstrich, in dem Deutsch als offizielle Sprache anerkannt ist. In Luxemburg ist Letzebuergisch, eine moselfränkische Mundart, die allgemeine Umgangssprache, nicht Französisch.

Natürlich sind Sprache und Geschichte untrennbar miteinander verbunden. Vor diesem Hintergrund konnte ich nicht unterschlagen, dass im ehemaligen Osten Deutschlands, in Pommern, Schlesien, West- und Ostpreußen, also den Gebieten, die heute zu Polen gehören, ganz überwiegend Deutsch gesprochen wurde. Ebenso hielt ich es für wissenswert, von einigen deutschen Sprachinseln in Osteuropa, vor allem in Rumänien und in der Sowjetunion, zu berichten.

Geschichte bleibt Geschichte und das Wissen darüber ist weder nationalistisch oder gar revanchistisch, zumal wenn der eigene Lebensweg eng mit historischen Ereignissen zusammenhängt. Folglich fanden die Schüler es aufschlussreich, als ich von meinen Vorfahren in Masuren (Ostpreußen), der Flucht meiner Mutter und meiner Geburt bei Chemnitz erzählte.

In Schottland wurde Englisch nicht über Nacht zur Landessprache, einige ursprüngliche schottische Idiome haben überlebt, das Bekannteste dürfte wohl der Begriff ›*loch*‹ (für See) sein. Mit dem Ungeheuer vom Loch Ness haben die cleveren Schotten eine sichere touristische Einnahmequelle geschaffen.

LXIX. Das deutsche Schulsystem – hüben und drüben

Verständlicherweise wollten die Schüler etwas über das deutsche Schulsystem erfahren. Was für ein schwieriges Unterfangen bei elf verschiedenen Bundesländern, einschließlich der Halbstadt West-Berlin! Und dazu noch das ziemlich andere System der DDR! Demgemäß begnügte ich mich damit, die wesentlichsten Gemeinsamkeiten der bildungspolitischen Kleinstaaterei in den westdeutschen Bundesländern darzustellen, zusammenzufassen, und die Gemeinsamkeiten mit der schottischen Schulgliederung herauszustellen.

Bei dieser Betrachtung ergaben sich doch einige Ähnlichkeiten, angefangen mit der vorschulischen Erziehung im Kindergarten – übrigens eines der wenigen deutschen Lehnwörter im Englischen – in Schottland also die ›*nursery school*‹, dann die ›*primary school*‹ (Grundschule) für alle Kinder, die ›*comprehensive school*‹ (Gesamtschule) oder ›*high school*‹.

Natürlich versuchte ich, wahrscheinlich mit wenig Erfolg, unser überwiegend dreigliedriges Schulsystem mit Haupt-, Real-(Mittel-)Schule und Gymnasium zu erläutern. Mir war aber auch bekannt, dass im Vereinigten Königreich auch große regionale Unterschiede im Schulsystem bestanden, als Beispiel seien hier nur die ›*secondary technical school*‹ und die ›*grammar school*‹ genannt. Und wer wusste in der BRD umfassend Bescheid über das Schulsystem in der DDR, jenseits des ›Eisernen Vorhangs‹ (Churchill), der die Welt in Ost und West trennte? Ich beschränkte mich also darauf, nur die grundlegenden Strukturen zu erklären. Es gab weder kirchliche noch private Schulen, sondern nur die POS (Polytechnische Oberschule), die Einheitsschule für alle, in der Regel von der 1. bis zur 10. Klasse. Das Abitur konnte an der EOS (Erweiterte Oberschule) nach der 11. und 12. Klasse erworben werden, maßgeblich für die Zulassung waren aber in der Regel eine gewisse politische Zuverlässigkeit und auch die soziale Herkunft der Eltern.

LXX. Deutschunterricht

Die übrigen Unterrichtsstunden in der ›*Faculty of Foreign Languages*‹ verlangten mir keine besonderen Anstrengungen ab, sondern verliefen mehr nach dem Motto *business as usual* (alles geht seinen gewöhnlichen Gang). So beschäftigten wir uns mit dem Lesen und Verstehen von Lehrbuchtexten, der Interpretation deutscher Volkslieder, mit Wortspielen und Prospekten über Hannover, einer Schleichwerbung für Niedersachsens Landeshauptstadt und ihr Umland.

Die mangelnde Bereitschaft der Schüler, sich in der fremden Sprache zu äußern, erschwerte es den Lehrern, das Konzept der Einsprachigkeit stringent durchzusetzen. So wurde Erläuterungen und Arbeitsanweisungen häufig in Englisch gehalten. Der Schwerpunkt des Deutschunterrichts lag leider im schriftlichen Bereich. Insbesondere das Einüben schwieriger grammatischer Strukturen, der frei gesprochene situative ›*dialogue*‹ wurde zu wenig angewendet. Die gebräuchlichsten Sprachmuster müssten besser eingeübt werden. Wegen grammatikalischer Schlichtheit oder Fehlern hatte ich noch nie Verständigungsschwierigkeiten oder -missverständnisse.

In der Regel verfügten die Schüler über ein gutes Hör- und Leseverstehen, der Transfer zum gesprochenen Wort war aber oft unvollkommen. Erschwerend für den Fremdsprachenunterricht wirkten sich die Ende des vierten, fünften und sechsten Jahres durchzuführenden umfangreichen Abschlussprüfungen aus, die im ganzen Land zu einem festgelegten Zeitpunkt abgehalten wurden und einen ganzen Tag dauerten. Sie schlossen ab mit dem ›*ordinary grade*‹ (normales Niveau), ›*higher grade*‹ (höheres Niveau) und ›*certification of six year studies*‹ (Nachweis beim Abitur). Vor diesen Prüfungen bestand der Unterricht fast ausschließlich im regelrechten Pauken von Prüfungsbögen der vorhergehenden Jahre. Die Art der verschiedenen Prüfungsaufgaben, wie ›*listening comprehension*‹ (Hörverstehen), ›*reading comprehension*‹ (Leseverständnis), ›*oral exam*‹ (mündliche Prüfung), ›*translation*‹ (Übersetzung) und ›*essay*‹ (Aufsatz verfassen) war auch ein Grund für die mangelhafte Einsprachigkeit. Ein großer Teil der Aufgaben musste in Englisch beantwortet werden. Statt Zensuren gab es eine Abstufung in vier Wertungen, sie reichten von D (nicht bestanden, weniger als fünfzig Prozent der erreichbaren Punkte), über C und B bis A (mehr als siebzig Prozent), eine ziemlich starre, wenig flexible Benotung.

Die Methoden des Anfangsunterrichts unterschieden sich nicht von denen, die in der Orientierungsstufe (Klasse 5 und 6) angewendet wurden, es ließen sich sogar inhaltliche Parallelen feststellen. Es schien, dass man sich überall gleichermaßen bemühte, sich in den ersten beiden Jahren in der Fremdsprache zu äußern und sie anzuwenden, sowohl von Seiten der Schüler als auch von denen der Lehrer.

Als ich meinen Kollegen die Liste der zu erlernenden unregelmäßigen Verben für deutsche Schüler im Englischunterricht zeigte, fand das einen besonderen Anklang. Man versicherte mir, dass selbst britische Schüler im richtigen Gebrauch mancher ›Tuwörter‹ und ihren Zeitformen so ihre Schwierigkeiten hätten, naturgemäß in der ›*primary school*‹. Dort bedankten sich die Lehrkräfte für meine mitgebrachten Listen der ›*irregular verbs*‹.

Die Ausbildung der schottischen Deutschlehrer war sehr gründlich. Fast alle hatten einige Zeit in (West-) Deutschland gelebt. Ein Lehrer war mit einer Deutschen verheiratet. Alle sprachen ein ziemlich perfektes Deutsch, teilweise mit süddeutschen Idiomen. Wie auch in den anderen ›*departments*‹ und Schulzweigen waren die Lehrer mir gegenüber sehr hilfsbereit und zuvorkommend und zeigten sich in Gesprächen und Diskussionen sehr aufgeschlossen.

Nun genug des Deutschunterrichts in Schottland, schlussendlich war dies ja das hauptsächliche Anliegen meinerseits und das der Balwearie High School in Kirkcaldy.

LXXI. Erdkunde, Geschichte und Sozialkunde in Englisch

Danach, in der ›*Faculty of Social Studies*‹ (Erdkunde, Geschichte, Sozialkunde), begann für mich der weitaus mühevollere Teil meiner schottischen Schulzeit. Die Kollegen baten mich, Unterrichtsstunden in den drei Fächern zu halten, nun aber ausschließlich in Englisch.

So saß ich folglich Abend für Abend im kleinen Zimmer und brütete über den Unterrichtsentwürfen zu den gewünschten Themen. Richtig schweißtreibend, trotz der kühlen Raumtemperatur, war die Umsetzung meiner Gedanken und Ausführungen in ein passables Englisch. Schließlich hatte ich Englisch, neben Geschichte, nur als Nebenfach (auch: Nachweisfach) an der PH in Hildesheim studiert.

Inhaltlich bereiteten mir geografische Themen absolut keine Schwierigkeiten, letztendlich war Erdkunde ja mein Hauptfach, aber hatte ich jemals zuvor Worte wie Verwaltungsgliederung, Städtebausanierung oder Massentierhaltung in Englisch benutzt? Da halfen mir nur die dicken Wörterbücher, die ich in weiser Voraussicht mitgenommen hatte. Überhaupt bestimmte das Gefühl, bloß nicht eine schlechte Figur abzugeben, in dieser Zeit meine Überlegungen, Gedanken und Aktivitäten.

Außerdem empfand ich mich als Botschafter meines Landes, da sollte es doch erstrebenswert sein, keinen schlechten Eindruck zu hinterlassen, zumal man es mit Berufskollegen und vor allem mit Kindern und Heranwachsenden zu tun hatte, auch wenn diese Einstellung heutzutage eher altmodisch und antiquiert erscheinen mag.

LXXII. *Saxony Stop*, Trümmer, Landwirtschaft und EG

Für manche Westdeutsche war es schon ein Problem, die verschiedenen Bundesländer zu benennen und geografisch einzuordnen. Das traf erst recht auf die fünfzehn Bezirke der DDR zu. Und nun sollte ich die schottischen Schüler darüber aufklären.

In den Atlanten existierte noch (oder schon?) EIN Deutschland mit einer Grenzlinie, die lediglich West und East Germany voneinander trennte. Einige Bundesländer wurden anglisiert: Lower Saxony (Niedersachsen), Bavaria (Bayern) oder Palatinate (Rheinland-Pfalz). Hieß Sachsen-Anhalt nach der Wiedervereinigung dann Saxony Stop?

An den Schulen in der BRD spielte die DDR im Erdkundeunterricht eine untergeordnete Rolle. Es war geradezu unstatthaft und verpönt, den anderen deutschen Staat in Geografie zu behandeln, das wäre ja schon beinahe revanchistisch und nationalistisch gewesen! Nichtsdestotrotz lernten die Schüler zumindest, wo ungefähr die Bezirke der DDR lagen, von Rostock bis Karl-Marx-Stadt – in meinem Unterricht hier und in Schottland. Damit wollte ich auch einer dummen Mode entgegentreten, in der die Topografie im Erdkundeunterricht auf ein Minimum beschränkt werden sollte. Auch die schottischen Kollegen waren der Meinung, dass das Wissen über Ort und Lage von Staaten, Ländern, Städten, Inseln, Bergen und dergleichen mehr zur Allgemeinbildung gehörte.

Beim Thema Städtebausanierung im schottischen Erdkunde-Lehrwerk sprachen die Schüler der 11. Klasse auch den Wiederaufbau der westdeutschen Städte nach den Bombardierungen im II. Weltkrieg an. Ich musste sie davon überzeugen, dass die letzten nennenswerten Trümmergrundstücke schon seit etwa Ende der 60er Jahre verschwunden waren. Immerhin erstaunte es mich schon, als die Schüler dieses unrühmliche Kapitel ansprachen.

Zur Landwirtschaft in Deutschland gehörte natürlich auch die Geschichte der Zwangskollektivierung in der DDR, die staatlich verordnete Entstehung der LPGs (Landwirtschaftliche Produktionsgenossenschaften). Davon hörten die Schüler zum ersten Mal. Im Nachhinein ist es schon bemerkenswert, was für landwirtschaftliche Probleme bereits vor fast vierzig Jahren existierten, von der Bodendüngung, der Massentierhaltung und der Überproduktion. Probleme, die es so in ähnlicher Weise in Schottland nicht gab. Last but not least musste über die Europäische Gemeinschaft gesprochen werden. Schon damals bekannten sich die Schüler und Lehrer unisono zur europäischen Idee. Die Jüngeren führten vor allem die Vorteile des grenzlosen Verkehrs und Reisens an, sowie die Möglichkeit, auch einmal woanders in Europa zu arbeiten und zu leben.

Hauptsächlich arbeiteten die Schüler mit den von der Fachkonferenz (*department meeting*) verfassten Arbeitsblättern (*work sheets*). Auch hier schien die schriftliche Komponente des Unterrichts zu überwiegen. Die benutzten Atlanten waren ausstattungsmäßig und inhaltlich einfacher gehalten als die gebräuchlichen westdeutschen Atlanten, wie zum Beispiel der ›Diercke‹. Die großen Schulwandkarten stammten übrigens aus Braunschweig.

LXXIII. ***The Rise of Prussia***

Die Beschäftigung mit der schottischen Geschichte nimmt in den ersten Jahren einen breiten Raum ein. Mir war die Fülle von Ereignissen und Daten innerhalb Schottlands und den Jahrhunderte währenden politischen und kriegerischen Auseinandersetzungen mit den Engländern zwar in den Grundzügen bekannt, aber nun erfuhr ich besonders viele Fakten – nicht nur über Macbeth oder Maria Stuart.

Natürlich hatten die Schüler und Lehrer ein starkes Interesse an der deutschen Geschichte, der älteren wie auch der jüngeren. Ich wurde gefragt, ob ich einige Unterrichtsstunden zu Themen unserer Geschichte geben wollte. Meine erste Stunde beschäftigte sich auf Wunsch des ›*Head of Department*‹ (Fachleiter) mit dem Thema ›*The Rise of Prussia*‹ (Der Aufstieg Preußens). Allein schon die inhaltliche Ausgestaltung verlangte von mir doch ein über zweistündiges Brainstorming, um meine spontanen Geistesblitze aufzuschreiben und zu ordnen. Für diesen Fall hatte ich vorgesorgt und außer den dicken Wörterbüchern eine Menge Fachliteratur in meinen Schul- und Bildungskoffer gepackt. Neben Überlegungen zum Inhalt, zur Didaktik und Methode kam nun auch die Umsetzung ins Englische hinzu, als krönender Abschluss der Vorbereitung.

Fast andächtig lauschten dann die Schüler und zwei Geschichtslehrer meinen Ausführungen. Um nicht vollends in einen reinen Frontalunterricht zu verfallen, stellte ich häufiger Zwischenfragen und führte die Geschichten mit dem Müller beim Schloss Sanssouci und Friedrichs Kartoffeln besonders lang und breit aus. Zwischendurch erntete ich auch Gelächter, als ich versuchte, den Preußenkönig mit Mimik und Gestik darzustellen, um ihn den Schülern näher zu bringen.

Solche Spielchen waren sie anscheinend von ihren meist älteren und knorrigen Geschichtslehrern nicht gewohnt, was ich später auf dem Pausenhof erfuhr. Nun waren beileibe nicht alle

Historiker an der Schule einfältige und humorlose Fachidioten. Ein Lehrer bediente sich bei der richtigen zeitlichen Einordnung historischer Ereignisse einer besonders einprägsamen Methode: Die Schüler mussten verschiedene kleinformatige Folien mit einfachen bildlichen Darstellungen den chronologisch angeordneten Texten auf einer großen Folie zuordnen. Somit hatte ich wieder etwas dazugelernt.

LXXIV. Jüngere deutsche Geschichte

Nach meiner Unterrichtsstunde ›*The Rise of Prussia*‹ folgten weitere Stunden über das Ende des II. Weltkriegs in Deutschland, über Flucht und Vertreibung aus den ehemaligen Ostgebieten, Deutschlands Entwicklung in der Nachkriegszeit, das Verhältnis beider deutscher Staaten und die innerdeutsche Grenze, Berlin und die Mauer. Ich brauchte den Schülern nicht zu erklären, wem die Deutschen letztendlich ihre nationale Katastrophe zu verdanken hatten. Zuvor waren im Unterricht der Faschismus und die NS-Zeit ausführlich behandelt worden.

Lehrer und Schüler zeigten ein starkes Interesse an meinen Statements über das schwärzeste Kapitel unserer Geschichte, über die deutsche Teilung und über Einzelschicksale aus dieser Zeit, gewissermaßen erzählt und beschrieben aus erster Hand. Aufmerksam, fast ergriffen, lauschten Schüler und Lehrer meiner eigenen Familiengeschichte. Ich kenne kein besseres Mittel, den Menschen Geschichte näherzubringen, als Zeitzeugen in direktem Kontakt Erlebnisse schildern zu lassen. Nur so eröffnet sich dem Zuhörer ein wenig das Gefühl für die Zeitumstände.

In meinem Leben bin ich in Großbritannien nicht ein einziges Mal als Deutscher beschimpft oder verunglimpft worden, auch nicht während meiner Zeit als Austauschlehrer in Schottland – woanders passierte mir das aber schon, insbesondere jenseits des (Ärmel-)Kanals.

LXXV. *The Roots of the Greens* – die Wurzeln der Grünen

In Sozialkunde der 10. und 11. Klasse war gerade das Thema Parteien aktuell. Lehrer und vor allem Schüler wollten verständlicherweise von mir wissen, was man denn von den Grünen zu halten habe, die sich als Partei gerade formiert hatten. Das Bild, welches der bunte Haufen nach außen, also auch ins Ausland, aussandte, war nicht gerade von übermäßiger Sympathie getragen. Also musste ich wieder mal in der Unterrichtsstunde ›*The Roots of the Greens*‹ Nachhilfe und Aufklärung betreiben, natürlich politisch korrekt.

In Schottland, wie auch im übrigen Europa, war solch eine Bewegung bzw. solch ein Bündnis noch vollkommen unbekannt. Ich versuchte mein Bestes zu geben, Ursprünge und Ziele der neuen Partei darzulegen. Es fiel mir nicht leicht, dabei neutral zu bleiben, zumal ich damals kein Anhänger dieses Bündnisses verschiedener Gruppen und Grüppchen war, aus welchen Gründen auch immer. Bei meinen Überlegungen, wie weit die Wurzeln eines großen Teils der Bewegungen zurücklagen, fielen mir die ›Wandervögel‹, die ›Naturfreunde‹ und – die Bibel ein. Heute wird niemand schräg angesehen, wenn von der Bewahrung der Schöpfung die Rede ist. Weder vorher noch später habe ich mich so intensiv mit einer Parteigründung beschäftigen müssen und das auch noch für eine Unterrichtsstunde in Englisch.

LXXVI. *Social Market Economy*

Nun war ja die Parteienlandschaft der BRD, in Großbritannien, also auch in Schottland, recht übersichtlich. Es bereitete mir keine großen Schwierigkeiten, in der nächsten Unterrichtsstunde Vergleiche anzustellen. Ich bemühte mich aber, die Unterschiede im Wahlrecht herauszustellen, wobei das westdeutsche eindeutig gerechter abschnitt. Danach befassten wir uns mit den unterschiedlichen Lebensverhältnissen, dem ›*welfare state*‹ (Wohlfahrtsstaat) und der ›*social market economy*‹ in der BRD, wobei ich, für die Schüler äußerst ungewohnt, häufig nach Daten und Fakten fragte und unumwunden zugab, über schottische Verhältnisse nicht bestens informiert zu sein.

LXXVII. Sport, Englisch und Werkunterricht

Somit hatte ich mein selbst auferlegtes Soll an eigenen Unterrichtsstunden erfüllt und hospitierte dann in den letzten Tagen in anderen ›*faculties*‹.

Im Sport waren Mädchen und Jungen strikt getrennt. Die Evastöchter wurden nur von Lehrerinnen unterrichtet und die Stammhalter nur von Lehrern. Mit drei bis vier Wochenstunden lag die Anzahl bedeutend höher als bei uns. Außerdem war Sport als Unterrichtsfach aufgeteilt in P.E. = *physical education* (Leibeserziehung) und in *games*, insbesondere Football, Badminton, und vor allem Hockey. Mädchen erlernten Tänze, vorwiegend schottische Volkstänze. Es traf sich gut, dass ich zuvor in Englisch hospitiert hatte und die Schüler sich mit George Orwell's ›*Spirit of Sports*‹ beschäftigen mussten, für die meisten augenscheinlich kein fesselnder Unterrichtsstoff.

Zu guter Letzt schaute ich in die verschiedenen gut ausgestatteten Werkräume, die mehr einer Lehrwerkstatt für Holz- und Metallbearbeitung glichen. Mir fiel aber sofort auf, dass die Schüler größtenteils nach vorgegebenen Mustern arbeiteten und sich dabei viel Zeit lassen konnten. Behutsam erläuterte ich den Lehrern, dass bei uns im Werkunterricht nach der Phase der Einarbeitung mit verschiedenen Werkstoffen die Förderung der eigenen Kreativität im Vordergrund stand. Ich machte klar, das nur als Vorschlag zu betrachten und wollte mich nicht als Oberlehrer oder Kloogschieter präsentieren.

LXXVIII. ***Tuesday Teachers Evening*** **– Lehrer-Stammtisch**

Die größte Bewährungsprobe waren aber nicht die Unterrichtsstunden auf Englisch, sondern der ›*tuesday teachers evening*‹ in einem kleinen, aber feinen Pub in der City.

Jeden Dienstag von acht bis elf Uhr abends trafen sich die Lehrer der ›*Faculty of Social Studies*‹ zum Klönschnack. Bekanntermaßen wird in einem Pub kein Wasser gezapft, sondern es werden heimische Biersorten, von ganz hell bis ganz dunkel, ausgeschenkt und ab und an wird auch mal ein edler Malt Whisky geordert.

Hier saß ich also mit meinen Kollegen und versuchte, mich an einem einzigen Pint (mehr als ein halber Liter) festzuhalten, schließlich musste ich vom Pub aus mit dem Auto nach Hause fahren. Kurz vor halb elf ertönte die unüberhörbare laute Stimme des ›*landlords*‹ mit der unmissverständlichen Aufforderung »*Last order, please*«, die letzte Gelegenheit, um noch ein Getränk zu bestellen. Da standen noch zwei Pints vor mir auf dem Tresen, die mir Andrew und Tony in freundlicher Absicht spendiert hatten, mich aber in ein Dilemma brachten. Die vollen Biergläser einfach unbenutzt stehen zu lassen, wäre garantiert als grobe Unhöflichkeit angesehen worden. Andererseits fördert Bier nicht gerade die Fahrtüchtigkeit. Mrs. Gow hatte mir vor meinem Pub-Treffen ein reichhaltiges Abendbrot (schottisch = *tea*) mit gebratenem Bacon zubereitet, so dass ich eine kräftige Unterlage besaß.

Ich trank die beiden Pints bis auf einen kleinen Rest aus. Punkt elf Uhr stand unser ›*teachers team*‹ vor dem ›Old Lion‹. Wir verabschiedeten uns, wünschten eine gute Nacht und ich stieg dann doch mit leicht erhöhtem Herzschlag in mein ›*red german diesel car*‹. Das Lenkrad auf der falschen Seite, Linksverkehr und ich zweifellos nicht ganz nüchtern – ich zählte jeden Meter bis zu meinem ›*terrace house*‹. Glücklicherweise herrschte kaum Verkehr und kein Polizeiwagen war zu sehen.

Mrs. Gow schlief bereits, als ich das typisch britische Reihenhaus betrat, um mich danach in die Horizontale zu begeben. Lange kreisten meine Gedanken um die Frage ›Was wäre wohl passiert, wenn dich die Polizei angehalten hätte?‹. Autos mit deutschem Kennzeichen verirrten sich wohl kaum in Kirkcaldy, schon gar nicht in einer frostigen Märznacht. Bei den nächsten Treffen ließ ich meinen Selbstzünder in der Lina Street stehen.

LXXIX. M. P., Haggis, *Canoeing* und Loch Ness

Der private außerschulische Kontakt beschränkte sich nicht nur auf den ›*tuesday teachers evening*‹. So wurde ich an einem Wochenende von der Kollegin Maureen eingeladen, sie und ihre Familie auf dem Lande in Greenhead, nordwestlich von Kirkcaldy, zu besuchen und über Nacht zu bleiben. Als ich das Domizil erblickte, wusste ich sofort, dass dort eine Familie der ›*upper class*‹ wohnte. Das Haus ähnelte mit seinen Türmchen und vielen ›*chimneys*‹ eher einem kleinen Schloss oder einem Landadelssitz als einem größeren Ein- oder Zweifamilienhaus.

Beim Eintritt in die respektable ›*hall*‹ (Hausflur) lächelte mich auf einem fast überdimensionalen Foto eine holde Dame mit Krone an, keine Geringere als Queen Elizabeth II.! Daneben sah ich auf einem anscheinend aktuelleren Farbfoto einen distinguiert wirkenden Herrn mittleren Alters neben Margaret (Maggie) Thatcher, Premierministerin des United Kingdom.

Später klärte mich Maureen auf, dass jener vornehme Herr ihr Vater sei und an diesem Abend leider nicht zugegen sein könne, da er als MP zu wichtigen politischen Gesprächen in London weilte. Als die Bezeichnung MP fiel, dachte ich unwillkürlich an eine Maschinenpistole, aber gleich danach hatte ich die richtige Bedeutung parat: MP = Member of Parliament, also Abgeordneter im britischen Unterhaus. Nun war ich also als ehemaliges Kind der ›*working class*‹ bei den ›*conservatives*‹ (Tories) gelandet! Das war für mich eine faustdicke Überraschung, denn in den persönlichen Gesprächen mit Kollegin

Maureen von der ›*Faculty of Social Studies*‹ hatte sie sich nicht als Anhängerin von Mrs. Thatcher zu erkennen gegeben, eher vertrat sie Standpunkte, die man mehr der Labour Party zuordnen konnte. Aber warum sollten Kinder die gleiche Meinung wie die Eltern haben?

Nachdem mir Maureen ihren Mann, ihren jüngeren Bruder und ihre beiden Kinder, Tochter und Sohn im Teenageralter, vorgestellt hatte, kredenzte ihr Mann William, ebenfalls Lehrer und ›*Head of Department*‹, uns einen hervorragenden Sherry. Die Kinder tranken ›*lemonade*‹ und beäugten den ›*german teacher*‹ ziemlich eingehend. Nach dem zweiten Sherry wurde der anfänglich etwas steife Small Talk erheblich lockerer, schließlich mangelte es nicht an Gesprächsstoff. Für das abendliche Mahl hatte die Gastgeberin keine Mühen gescheut und tischte das Nationalgericht Haggis auf. Die gehackten Schafsinnereien, zusammen mit Haferschrot im Schafsmagen gekocht, kannte ich bereits von einer längeren Schottlandtour Jahre zuvor. Obwohl für mitteleuropäischen Geschmack recht gewöhnungsbedürftig, schien Maureen doch recht gut das Empfinden meines Gaumens und meiner Zunge getroffen zu haben. Tochter Mary und Sohn Robert aßen lieber *Fish and Chips* und zogen sich, sehr wohlerzogen, in ihre Zimmer zurück. Im Laufe des Abends kamen wir auch auf unsere Hobbies zu sprechen. Als ich fast beiläufig erwähnte, stolzer Besitzer eines Kanus, eines Faltbootes, zu sein, hatte ich einen Volltreffer gelandet. Maureens Bruder James war ein absoluter ›*canoeing*‹- Fan! Darauf musste ein doppelter Talisker (Malt Whisky) getrunken werden. Später fragte er mich nach dem Namen meines Zweier-Faltbootes, ich antwortete wahrheitsgemäß ›*siskin*‹ (Zeisig). Das war wahrhaftig ein lustiger Name für ein Boot, also noch einen Talisker wert. Danach wollte mir James allen Ernstes weismachen ›*Nessie – the monster of Loch Ness*‹ gesehen zu haben. Nun zog ich es vor, mich müde zu stellen und verabschiedete mich zur Nachtruhe. Noch einen Talisker mehr und ich hätte höchstwahrscheinlich meine Contenance verloren – *oh, what a day!*

LXXX. ***Scotland vs. Wales***

An einem anderen Wochenende erlebte ich eine Begegnung der nicht so feinen britischen Art. In Edinburgh, auf dem gegenüberliegenden Ufer des Firth of Forth, gab es ein sportliches Großereignis: ein Rugbyspiel Scotland vs. Wales. Etliche Waliser hatten sich in Kirkcaldy eingefunden und feierten schon mal in den Pubs mit reichlich Bier und Whisky. Da blieb es nicht aus, dass ein Fan aus Wales andere Kneipenbesucher sehr unflätig beschimpfte.

»*You fucking bloody Scotchman, we will beat you!*«

»*We all aren't fucking bloody Scotchmen and I'm german!*«

»*Never mind, you are a fucking friend of the Scots!*«

Das Länderspiel gewannen die *fucking Scots* haushoch, vor über fünfunddreißigtausend(!) Zuschauern, und der *Welshman* hatte wohl wieder einen Grund, sich zu betrinken. Diese Episode war und blieb meine einzige leicht unerfreuliche Begegnung im Vereinigten Königreich.

LXXXI. Der staunende Tankwart

Am 5. März 1983 hieß es ›*Goodbye and farewell to you*‹. Ich trank noch eine Tasse Tee mit meinen Kollegen und stieg gedankenversunken ins Auto. An der Tankstelle steuerte ich die Dieselsäule an. Sofort eilte der Tankwart aus seinem Häuschen und rief mir zu: »*You are wrong, it's Diesel for trucks.*«

»*But my car needs Diesel, look here!*«

»*I can't believe, this little car is a Diesel?!*«

Kopfschüttelnd blieb er noch so lange stehen, bis der Motor ansprang. Damals gab es nur wenige kleine Diesel-PKW, in Großbritannien eher die Ausnahme, daher die helle Aufregung des ›*petrol pump attendant*‹ (Tankwart).

LXXXII. Glasgow Goethe-Institut: *Evaluation Meeting*

Mein Reiseziel Glasgow, die andere Metropole Schottlands an der Westküste, war schnell erreicht. Hier wurden in den Räumen des Goethe Instituts bei einem ›*Evaluation meeting*‹ die Erfahrungen der kleinen Austauschlehrer-Gruppe bewertet. Während ich voll des Lobes über meine Zeit in Kirkcaldy berichten konnte, hatten es die vier Kolleginnen, Studien- und Oberstudienräte, nicht ganz so gut getroffen, wie ihren Ausführungen zu entnehmen war.

Bei unserem ersten Treffen, Wochen zuvor in Edinburgh, hatten sie fast Euphorie und Optimismus ausgestrahlt. Vielleicht fiel ihre Bilanz nicht so berauschend aus, weil zwei von ihnen auf den Inseln Skye und Mist gelandet waren, während die anderen beiden nach Edinburgh und Glasgow beordert worden waren. Es wurde deutlich, wie bereichernd ein Lehreraustausch sein kann, nicht nur in beruflicher Hinsicht. Von uns allen wurden die Hilfsbereitschaft und das Entgegenkommen der schottischen Kollegen und Institutionen gewürdigt.

Wieder einmal war mir das Glück hold gewesen. Kirkcaldy mit dem Charme einer biederen, aber nicht zu kleinen Stadt war weder so einsam, öde und spärlich besiedelt wie die Inseln an der schottischen Westküste, noch zu großstädtisch, laut und anstrengend wie die beiden Metropolen mit den fast gleichen Schulproblemen wie bei uns.

LXXXIII. Kartenfreak und Limey

Auf dem Rückweg von Glasgow zu meiner Schwägerin, die seit Jahrzehnten in Dover lebte, wurde ich in einer Raststätte um Auskunft gebeten, wie man auf dem ›*motorway*‹ am einfachsten und schnellsten nach Birmingham käme. Als alter Kartenfreak hatte ich keine Mühe, dem Engländer den Weg in seine Heimatstadt zu erklären.

Am Schluss eröffnete ich ihm, Deutscher zu sein, und dass ich nach Dover zur Fähre wollte. Darüber war er sehr erstaunt und mich erfüllte es mit Stolz, dass er mich für einen ›*Limey*‹ (Laimi = amerikanisch und Seemannssprache für Engländer) gehalten hatte.

LXXXIV. Bob Marley und die *Basic School*

Fast zwanzig Jahre später stand ich vor der Grabstätte Bob Marleys auf Jamaika in ›Nine Mile‹, ohne Plural-s, dort nimmt man es mit der englischen Grammatik nicht so genau, *tek it easy, soon come ...*

Neben seinem Mausoleum, Eintritt 15 Dollar plus Trinkgeld, konnten die Reggae-Jünger in einem unverschämt teuren Restaurant lieblos zubereitete Speisen bestellen und läppische Devotionalien und anderen Schnickschnack erwerben. Für Tonträger, Schallplatten und Kassetten blätterten Marley-Fans aus aller Welt das Dreifache des üblichen Preises hin. Gegenüber auf der anderen Straßenseite stand eine große, luxuriöse, prachtvolle Villa, die so gar nicht zu den verstreut liegenden kleinen Häusern passte, die größtenteils aus festem Mauerwerk bestanden. Etwa dreihundert Meter weit vom prunkvollen Domizil des Restaurantbesitzers entfernt, stieß ich auf die ›Nine Mile Basic School‹, eine Ansammlung mehrerer größerer und kleinerer notdürftig aus Holzpfählen und Brettern zusammengeklopfter Buden, den ›Klassenzimmern‹. Die Mädchen trugen grüne Kleidchen, kunstvolle Haartrachten mit bunten Papierblumen geschmückt, während die Jungen in hellen Hemden und kakifarbenen langen Hosen steckten. Ein Mädchen hatte aber eine rote Robe mit weißem Kragen an. War es die Klassenbeste oder die Klassensprecherin? Ich vermied es, danach zu fragen. Lächelnd, aber etwas skeptisch dreinblickend, wurde ich nach meiner Herkunft gefragt.

»*Where you come from?*«

»*I'm from Germany.*«

»Oh, far from Jamaica, in Europe?«

Hinter den Bretterbuden spielten die jüngeren Erstklässler auf einer ebenen Wiese inmitten der hügeligen Landschaft mit einem richtigen Lederball. An ihren Schuluniformen konnte man unschwer erkennen, dass die kleinen Deerns und Steppkes zusammenspielten. Leider beendete die resolute Lehrerin die große Pause mit mehreren Glockenschlägen und ich musste mich von den sechs- bis zehnjährigen *›pupils‹* verabschieden. Gern hätte ich die drolligen Kinder im Unterricht erlebt, hatte aber Verständnis dafür, dass mir die Lehrerin diesen Wunsch verwehrte. Diese ärmliche Schule, der Protzbau am Mausoleum, die Songtexte von Robert Nestor Marley, wie passte das bloß alles zusammen? Immerhin lernten hier die Kinder die elementarsten Kulturtechniken, wie Lesen, Schreiben und Rechnen, noch immer keine Selbstverständlichkeit auf der ganzen Erde.

LXXXV. ***Socialismo y educacion***

Nicht weit vom Capitolio, dem ›Museo national de Historia natural‹ in Havanna, kreuzten immer wieder Schüler meinen Weg, unschwer an ihrer rot-weißen Schuluniform und dem roten Schal der Jungen Pioniere zu erkennen. In der Mittagszeit konnte es wohl nur bedeuten, dass in der Nähe eine Schule sein musste und die ›*alumnos*‹ auf dem Heimweg waren.

Ich brauchte also nur in die Richtung zu gehen, aus der die Schüler kamen. Vorbei an einem riesigen Plakat mit der Aufschrift ›*Socialismo o muerte*‹ (Sozialismus oder der Tod) entdeckte ich auch bald die Bezeichnung ›*escuela*‹ an der Vorderfront eines zweistöckigen Gebäudes mit abblätterndem Putz. Unbekümmert trat ich durch den großen breiten Eingang. Ein Herr mittleren Alters in einem grauen Kittel kam mir entgegen, wohl der Hausmeister, die trugen ja überall den gleichen Zwirn. Und ich lag richtig, er stellte sich als ›*portero*‹ vor und fragte mich sofort in barschem Ton, was ich denn hier in der Schule zu suchen hätte. Ich bat ihn darum, in die Klassenräume schauen zu dürfen und gab mich als Lehrer aus Deutschland zu erkennen. Obwohl die Wiedervereinigung schon ein Dutzend Jahre zurücklag, wollte er wissen, aus welchem Teil *Alemañas* ich stammte. Wahrheitsgemäß gab ich ihm zu verstehen, in der Nähe von Karl-Marx-Stadt geboren zu sein. Nun wurde er freundlicher und öffnete für mich zwei Klassenräume, wies mich aber darauf hin, dass ich nicht fotografieren dürfte. Stühle und Tische, nicht gerade im besten Zustand, waren für Frontalunterricht angeordnet. An einer Seitenwand fielen mir die üblichen Indoktrinationsparolen auf, über der Tafel die Botschaft ›*Patria o muerto!*‹ (Vaterland oder tot). Großformatige Fotos von Fidel Castro, Che Guevara und der ›*revolución*‹ durften natürlich nicht fehlen. Diese unverhohlene politische Beeinflussung in der Schule war nichts Neues für mich. Ich hatte genug gesehen und verabschiedete mich vom linientreuen Genossen.

LXXXVI. Tortola und Bundesliga

Auf einer Kreuzfahrt in die karibische Inselwelt hielt es mich auf Tortola nicht lange im Touristenrummel des Hafens. Das zu den British Virgin Islands gehörende Eiland reizte mich zu einem ausgiebigen Erkundungsgang abseits der Hauptstadt mit dem einfallsreichen Namen Roadtown.

Nur etwa eine Meile vom Zentrum entfernt genoss ich auf einem Berghang die Aussicht auf die Stadt und meinen Musikdampfer. Anscheinend verirrten sich kaum Landgänger in den Außenbezirk. Ich wurde von einer Frau angegiftet, dass ich mich hier oben auf einer ›*private area*‹ befände. Das hielt mich zum Glück nicht davon ab, weiter zu marschieren und direkt an eine Schule zu geraten.

Dieses Mal entsprach das Gebäude den Vorstellungen von einer gewöhnlichen Schule. Auf dem Pausenplatz tummelten sich Schüler, die etwa 12 bis 15 Jahre alt sein mochten. Ich spähte in einen Klassenraum und erblickte am Lehrerpult eine etwas ältere, weiße Lehrerin. Sie sah mich ebenfalls und bedeutete mir, einzutreten. Spontan entwickelte sich mit der aus England stammenden Kollegin ein lebhaftes Gespräch, natürlich über Schule, Fächer und vor allem über die gewöhnungsbedürftige Mentalität der Schüler, hier auf den britischen Jungferninseln. Ich kam leider nicht mehr dazu, meine Kollegin zu fragen, warum ausgerechnet auf britischem Territorium die Schüler keine Uniform trugen, stattdessen sah ich etliche Jungen in Fußballtrikots, wie sollte es auch anders sein, von englischen Teams, aber auch von Bayern München, Borussia Dortmund und dem Hamburger SV.

Es hätte mich aber auch nicht gewundert, wenn ich eine dürftige Schule vorgefunden hätte, trotz der vielen Oberklasse-Autos und der vielen Banken und Briefkastenfirmen in dieser Steueroase.

Teil 4: Professoren, Lehrer & andere Phänomene

LXXXVII. Prüfung der ›Unreifen‹ und kubanische Zigarren

Geografie-Professor S., ein freundlich dreinblickender Herr, wohl in den Sechzigern und wahrscheinlich kurz vor seiner Emeritierung stehend, empfing mich in seinem wohnlichen Büro, um meinen Wissensstand im selbst gewählten Fach Erdkunde einer einstündigen mündlichen Befragung zu unterziehen. Nach etlichen anderen Gesprächen und schriftlichen Test unterschiedlichster Art musste nun diese vorletzte Hürde genommen werden, auf dem Weg zu einer hoffentlich erfolgreichen, sogenannten Immaturenprüfung, damals auch bekannt als ›zweiter Bildungsweg‹.

Wer es, aus welchen Gründen auch immer, nicht bis zum Abitur geschafft hatte, dem stand durch diese Möglichkeit ein Hochschulstudium offen, einzige Bedingung: eine abgeschlossene Berufsausbildung, möglichst nach Erwerb der Mittleren Reife und eine gute Allgemeinbildung. Aber für die allermeisten Nichtabiturienten blieb es beim Traum von einem Pädagogikstudium und dem anschließenden Lehrerdasein.

Wie es sich für einen ordentlichen Professor gehörte, bestand das gemütliche Büro natürlich zum größten Teil aus hohen Bücherregalen. Schreibtisch und Stühle erzeugten trotz ihres unübersehbaren Alters außerdem ein gewisses akademisches Flair, in dem ich mich auf Anhieb nicht unwohl fühlte. Im Laufe der Prüfungsstunde entwickelte sich das übliche Frage-Antwort-Gespräch immer mehr zu einem Fachgespräch über Lateinamerika, meinem ehemals bevorzugten Seemanns-Fahrgebiet. Nun hatte ich bald das Gefühl, in die Rolle eines Reiseberichterstatters gedrängt zu werden, was meine anfängliche

Prüfungsangst vollends verschwinden ließ. Ich wurde immer kecker und brachte meinen Prüfer auch mit der Wiedergabe einiger Anekdoten zum Schmunzeln, natürlich Geschichten mit wahrhaft geografischem Inhalt und Bezug.

Am besten gefiel ihm beim Thema Landwirtschaft und Bodenschätze die Erzählung über den scheußlich stinkenden Guano-Abbau in Peru. Schon nach etwa vierzig Minuten wurde ich gefragt, ob ich eine Zigarre mit ihm, Professor S., zusammen rauchen würde. Ich willigte ein und vergaß schnell die sprichwörtliche Bedeutung von ›Zigarre verpassen‹, was ja eigentlich nichts Gutes verhieß.

Wir steckten uns die dicken Rauchstängel an, die passend zum Thema natürlich aus Kuba stammten. Ich gab noch einige Dönekens zum Besten und dann hatte ich meine Geografieprüfung bestanden.

LXXXVIII. Beamtenstatus, Märchen, ein Freigeist & die Aufsatzpause

Die letzte Begutachtung durch den Dekan, Professor Dr. K. höchstpersönlich, glich mehr einem Gespräch denn einer Prüfung.

»Warum wollen Sie Lehrer werden?«

Diese Frage stellte er mir nicht ganz unerwartet. Sonderbar nur, dass Abiturienten, die sich an einer Pädagogischen Hochschule immatrikulieren wollten, mit dieser sinnvollen und vernünftigen Nachfrage nicht behelligt wurden. Es sollte ja eigentlich für jedes Studium und für jeden Beruf gelten, damals wie heute.

Zuerst einmal zählte ich die ideellen Beweggründe auf, insbesondere meine Freude daran, anderen Menschen Wissen und Können zu vermitteln, wie ich es bereits schon als Matrose, Steuermann und Offizier auf Handelsschiffen getan hatte. Und dass es ohne Bildung im weitesten Sinne keine funktionierende Gesellschaft und kein soziales Miteinander gäbe. (Nicht kleckern, sondern klotzen – aber dabei nicht übertreiben oder gar pathetisch daherreden, dachte ich insgeheim). Zu guter Letzt führte ich an: »Die materiellen Vorteile des Lehrerberufs sind auch nicht zu verachten, ein anständiges Gehalt, individuelle Einteilung der Arbeit außerhalb des Unterrichts, die Ferien, der Beamtenstatus und gesellschaftliches Ansehen.«

In seinen etwas strengen Gesichtszügen erkannte ich ein feines Lächeln, als ich meine nicht gerade unwesentliche Aufzählung beendet hatte.

»Sie sind heute der Erste, der mir die ganze Wahrheit auftischt und mir keine hochtrabenden Märchen erzählt. Ich wünsche Ihnen viel Freude und Glück als Lehrer, Sie schaffen das! Aber etwas würde mich trotzdem interessieren, wir hatten bisher hier noch keinen ehemaligen Handelsschiffsoffizier. Warum sind Sie ausgestiegen?«

»Seemann ist kein Beruf für ein Leben lang. Selbst, wenn ich eine Karriere angestrebt hätte, wäre ich als Kapitän auf Großer Fahrt nicht glücklich geworden. Der Kapitän führt auf den langen Törns doch oft ein recht einsames Leben, schon allein der Autorität wegen. Und außerdem: Durch diese neuartigen großen Stahlkisten, Container genannt, werden sich die Hafenliegezeiten sehr verkürzen, da gibt's dann keine Zeit mehr für ausgiebigen Landgang.«

Der Dekan klopfte mir auf die Schulter und verabschiedete sich von mir mit einem festen Händedruck. Wieder einmal hatte ich das Glück gehabt, bei der Immaturenprüfung auf Menschen zu treffen, die sich trotz ihres akademischen Umfeldes nicht als lebensfremd erwiesen. Innerlich jubilierend galten jetzt meine Gedanken dem halben Jahr zuvor auf der Heimvolkshochschule im idyllisch gelegenen Springe am Deister. (Hier wurde der Uhrmacher Heinrich Goebel geboren, der nach Amerika auswanderte und bereits 1854 die physikalischen Grundlagen für die Glühlampe entwickelte).

Die Lehrer der HVH hatten mich gut auf die Prüfung der ›Unreifen‹ vorbereitet. Es gab sogar ein Unterrichtsfach Technik der geistigen Arbeit‹. Der Beitrag für Unterkunft, Verpflegung und den Lehrkörper war nicht gerade unerheblich, finanzielle staatliche Unterstützung beim Berufswechsel wurde erst später eingeführt. Aber meine Büffelei führte zu einem krönenden Abschluss, die nagende Ungewissheit, ob nicht doch alles vergebens war, hatte ein Ende.

Meine erste wichtige und einflussreiche Begegnung mit einem akademischen Menschen prägte mich auch später, nicht nur im Berufsleben. Unser freigeistiger Dozent für Deutsch, Dr. Flöter, verfügte über ein allumfassendes Wissen. Seine Einstellungen zur Gesellschaft und zum Leben beeindruckten mich sehr, gerade weil sie sich gegen Unterwürfigkeit und Spießertum wandten, dabei aber nicht so doppelzüngig und ideologisch doktrinär wirkten wie bei den ach so hochgelobten sogenannten 68ern, die überwiegend dem bürgerlichen Milieu entstammten.

Später besuchten mich einige Mitstreiter, als ich an der PH in Hildesheim studierte. Leider hatte es nur Sigrid mit mir zusammen geschafft, an der PH in Hannover die Immaturenprüfung zu bestehen. Als bei drei vorgegebenen Themen ein ausführlicher und erschöpfender Aufsatz verfasst werden musste, klagte sie über ein plötzliches Unwohlsein und brauchte meine Hilfe. Der Aufsicht führende Assistent erlaubte ihr, für ein paar Minuten an die frische Luft zu gehen, um sich zu erholen. Sigrid hatte glücklicherweise ein anderes Aufsatzthema als ich gewählt. Ich begleitete sie und nach zehn Minuten war sie in der Lage, weiterzuschreiben. Natürlich fehlte mir bei der Abgabe genau diese Zeitspanne, um meine Ausführungen zum Thema ›*Einfluss der Massenmedien, insbesondere der Tageszeitungen*‹ schlüssig zu beenden. Also lautete mein Fazit: »In einem demokratischen Staat bleibt es jedem selbst überlassen, wie man sich informiert und welcher Stil, reißerische Geschichten oder seriöse Berichterstattung, bevorzugt wird.« Diese Schlussaussage führte dann auch prompt bei der Rückgabe und Besprechung zu einem längeren Disput.

Als ich später meine Mitschüler des propädeutischen Lehrgangs an der HVH Springe in Hildesheim wieder traf, hatte ich meine liebe Not und Mühe, Trost und Hoffnung zu spenden. Immerhin hatte ich mit dieser Klasse, vierundzwanzig erwachsene Frauen und Männer im Alter von 22 bis 34 Jahren, ein halbes Jahr, nicht nur im Unterrichtsraum verbracht. Uns einte und verband ja auch ein gemeinsames Ziel mit einem ungewissen Ausgang – mit Fortuna oder Debakel.

LXXXIX. Abendmahl bei Paule, Bargespräche

Die kleine PH in Alfeld wurde aufgelöst und zog Anfang der 70er Jahre nach Hildesheim auf die Marienburger Höhe. Im neu erbauten, großzügigen Gebäudekomplex herrschte kein Platzmangel, anfangs eher ein Mangel an Studenten. Die Professorenschaft bestand überwiegend aus Männern unterschiedlichen Alters mit langer oder erst angefangener akademischer Laufbahn. Vom unauffälligen Dozenten bis zu einem Erziehungsratgeber, bekannt durch viele Publikationen, Interviews und Auftritte in allen Massenmedien, war eine bunte Vielfalt an Persönlichkeiten an dieser Lehrerausbildungsstätte vertreten.

Zwischen der Studentenschaft und dem Lehrkörper herrschte im Großen und Ganzen ein harmonisches Miteinander, bis auf wenige Scharmützel mit einigen linksorientierten Revoluzzern, die auch mal ›große Politik‹ spielen wollten, das rote Büchlein vom großen Mao Tse Tung schwenkten und sozialistische Parolen an die Wände der Hörsäle schmierten.

Persönliche Kontakte und gemeinsame Kneipenbesuche von Studierenden und Dozenten gehörten zwar nicht in jeder Fakultät zur Regel, waren aber auch nichts Außergewöhnliches. So lud der Geografie-Professor Paule S. auch mal seine Studenten zum Abendbrot ein. Seine sympathische Frau tischte deftige wohlschmeckende Hausmannskost auf, dann nahmen drei Mädchen und zwei Jungen artig Platz und es wurde ein Gebet gesprochen. Nach dem Abendmahl schenkte unser Gastgeber Wein, Bier und feinste Obstschnäpse aus. Es entwickelte sich im wahrsten Sinne Gespräche über Gott und die Welt, wobei aber die gebührende Distanz zum Gastgeber gewahrt wurde und sich Bier- und Schnapskonsum in Grenzen hielten. So lernte ich in dieser wohltuenden, entspannten Atmosphäre nicht nur meinen wichtigsten Prof, sondern auch fünf meiner Kommilitonen näher kennen. Als wir uns am späten Abend in bester Stimmung verabschiedeten, kam mir für einen Moment der

Gedanke, dass es bei Katholiken vielleicht mehr Lebenslust und -freude gab als bei Protestanten.

Zur Karnevalszeit stiegen manche Lehrstuhlinhaber auch in die Bütt und brachten es sogar fertig, sich selbst zu persiflieren und auf die Schippe zu nehmen. Zum Humor gehört nun einmal ein gewisses Maß an Intelligenz und Selbstbetrachtung. Erstaunlich bei diesen umwerfenden Darbietungen erschien mir das feine ausgeprägte Gespür der meist älteren Akademiker für ihre eigenen unverkennbaren Marotten.

Der Soziologie-Professor hatte eine besondere Vorliebe für alles, was mit der Französischen Revolution von 1789 zusammenhing. So gebrauchte er auch oft statt unserer üblichen Monatsnamen die von den Revolutionären eingeführten neuen Monatsbezeichnungen. Nicht selten ließ er in seinen Vorlesungen Bemerkungen und Lebensweisheiten über die Beziehungen von Mann und Frau einfließen, die das betrafen, was man gemeinhin als ›unterhalb der Gürtellinie‹ bezeichnet. Aussagen, die heutzutage bei niemanden bigotte Entrüstung hervorrufen würden.

Kurz vor meiner mündlichen Prüfung im sogenannten wahlfreien C-Fach (Philosophie, Politik oder Soziologie) trafen wir uns in unserer Keller-Hochschulbar. Die hatte ich mit zwei Mitstudenten aus der Taufe gehoben, samt Unterstützung des ASTA (Studentenausschuss). Einer alten Tradition folgend gaben wir drei uns den Namen Paul, also Paul I, II und III. Nun war unsere Bar kein gediegener teurer Nachtclub, hatte aber alles, was zu einer richtigen Bar gehört: gute Getränke, Cocktails (vorzugsweise Cuba libre), eine Musikbox und immer ein zahlreiches, gemischtes Publikum, das es sich auf den Stühlen und Sofas vom Sperrmüll bequem machen konnte. Von Beginn an duldeten wir in unserer Bar keine Plakate mit dummen, kindischen, revolutionären Parolen und auch keine Reklame für Studentenbündnisse, aber alle konnten natürlich über alles reden. So sprach mich hier der Soziologie-Examinator auf mein Prüfungsthema an. Seine Ausführungen erschienen mir so sehr verworren und verschwurbelt, dass ich ihnen nicht folgen konnte. Tage später, nach der einzigen nur mit ›befriedigend‹ benoteten Fachprüfung, sprach ich ihn dieses Mal mit einem leicht vorwurfsvollen Ton auf die Prüfung an.

»Ich habe Ihnen doch ein paar Tage vorher erklärt, dass Meinungen hauptsächlich durch die Familie und Peergroup (Gleichaltrige) geprägt werden, der Einfluss der Massenmedien wird viel zu hoch eingeschätzt!«, erwiderte er.

»Da bin ich aber anderer Meinung, so pauschal lässt sich das doch nicht beweisen, schon gar nicht durch groß angelegte Umfragen.«

Trotz dieser Differenzen kamen wir Jahre später in der Mensa zusammen und unterhielten uns prächtig – über die wirklich grundlegenden Realitäten des Lehrerberufs. Professor P. trank auch mal ganz gern ein bitteres Jever Bier. Dumm nur, dass bei einem Gespräch oder einer Prüfung zwei oder drei Flaschen auf dem Fensterbrett standen und jemand nichts Besseres zu tun hatte, als ihn deswegen anzuschwärzen. Selbst Juristen fanden dann aber trotz akribischer Suche keinen Gesetzestext, in dem der Verzehr eines Bieres eine Ordnungswidrigkeit oder gar eine Straftat sei. Der schlimmste Lump im ganzen Land, das ist und bleibt der Denunziant, auch an einer Hochschule.

XC. Der Film vom Hafen und das Ende

Zu jener Zeit machte sich Pädagogik-Professor H. H. einen Namen als emsiger Publizist in Sachen Erziehung und Bildung. Er veröffentlichte verständliche Ratgeberwerke wie z.B. ›*So wird ihr Kind ein besserer Schüler*‹. Damit schaffte er es sogar in die Spiegel-Sachbuch-Bestsellerliste. Außerdem setzte er sich vehement dafür ein, die damals verfügbaren technischen Medien verstärkt in den Schulen einzusetzen, um sie für einen besseren Unterricht zu nutzen. Dieses Thema hat also an Aktualität nichts eingebüßt, da die Schulbildung immer den gesellschaftlichen und technischen Entwicklungen hinterherläuft. Dieser umtriebige Professor war der Mann für meine Examensarbeit. Warum sollte ich dabei nicht auf meine erworbenen Erfahrungen, Kenntnisse und Fähigkeiten zurückgreifen, so, wie ich es schon bei anderen Begutachtungen und Prüfungen gehalten hatte. Meine Hobbies Fotografieren und Filmen verband ich mit meinem Hauptfach Erdkunde und meiner Seefahrerzeit. So entstand der etwas sperrige Titel meiner schriftlichen Hausarbeit ›*Der Film als didaktisches Medium im Erdkundeunterricht – aufgezeigt an der unterrichtsfilmischen Eigenproduktion ›Der Hafen*‹‹.

Neben dem eigentlichen Hauptbestandteil, einem Super-8 (mm)-Farbfilm mit Tonspur und einer Vorführdauer von einer halben Stunde, umfasste diese Arbeit im fünften Semester auch einen 90-seitigen wissenschaftlichen Text zum Unterrichtsfilm sowie die Vorführung und Erprobung in insgesamt vier 5. und 6. Klassen und deren Auswertung mithilfe anschließender Tests. Ein beträchtliches Pensum für ein ›Schmalspur-Studium‹! Dazu kamen etliche Schwierigkeiten beim Dreh im Hamburger Hafen. Das fing erst einmal mit der Drehgenehmigung der HHLA (Hamburger Hafen und Lagerhaus AG) an, die mir erst nach langem juristischem Palaver ausgehändigt wurde. Dann konnte ich die verschiedenen vorgedachten Szenen nur gerade so in den Kasten bekommen, wie ich sie vorfand. Es gelang mir, bei strahlendem Herbstwetter fast alle geplanten Situationen zu filmen, das Ein- und Auslaufen der Frachter, den Stück- und Massengut-Umschlag, das Entladen eines Bananen-Jägers (wegen ihrer Schnelligkeit so bezeichnet) und den damals noch geringen Container-Umschlag. Meine liebe Not hatte ich auf einem sowjetischen Frachter, der gerade große Kautschuk-Ballen löschte. Hier durfte ich nach Herzenslust filmen, außen an Deck und selbst von den Masten. Auch nach dem zweiten Wässerchen in der Offiziersmesse wollten mich die ›bösen Russen‹ nicht gehen lassen, bis sich der Alte blicken ließ und seine Leute zur Arbeit ermahnte. Am längsten musste ich auf der Brücke der A 7 bei recht frischer Temperatur ausharren, bis endlich ein Container-LKW die Ausfahrt nach Hildesheim nahm und ich damit meine geplante Schlussszene ›im Kasten‹ hatte. Ansonsten konnte ich froh darüber sein, für meinen Filmdreh sechs Tage eines goldenen Oktobers erwischt zu haben.

Nun hatte ich mir diese Riesenarbeit nicht nur für das erste Lehrerexamen gemacht. Ich lieh mir mein eigenes Kunstwerk regelmäßig vom Archiv der PH aus, um es im Unterricht einzusetzen. Als ich dann die Rückgabefrist einmal um ein paar Wochen überzog, bekam ich die unmissverständliche Aufforderung, den Film umgehend zurückzusenden, weil er Bestandteil einer Prüfungsarbeit sei und daher laut § XXY aus juristischen Gründen eigentlich gar nicht ausgeliehen werden durfte. Dummerweise ließ ich keine Kopie anfertigen und schickte die Filmrolle zurück.

Als ich später wieder mal mein Meisterstück anforderte, teilte man mir lapidar mit, dass der Film bei einem Archivbrand vernichtet worden war. Jemand hatte einen Tauchsieder in einen Topf gestellt, aber vergessen, diesen mit Wasser zu füllen und dann das Archiv verlassen, so jedenfalls wurde es mir später berichtet. Aber warum nur musste das ausgerechnet in der Dokumentensammlung passieren?! Es gibt eben Ereignisse, die so unglaublich dumm und verheerend ablaufen, wie man es sich selbst mit größter Fantasie nicht vorzustellen vermag.

XCI. Wahrnehmung und Heiterkeit

Für die letzte Prüfung in Psychologie hatte ich mir auf Vorschlag des jungen Professors L. das Thema ›Wahrnehmung‹ ausgesucht. Da ich das Werk ›*Pädagogische Psychologie*‹ des forschen Lehrstuhlinhabers gründlich gelesen und fast auswendig gelernt hatte und mich zu meinem Thema gut vorbereitet fühlte, lud ich drei Kommilitonen des 5. Semesters ein, als Zuhörer und Zuschauer beim Prüfungsgespräch ebenfalls dabei zu sein. Diese Möglichkeit wurde naturgemäß gern genutzt, damit die zukünftigen Studenten des 6. oder höheren Semesters schon einmal sahen, was sie bei den Begutachtungen erwartete. Im Nachhinein erscheint mir diese Regelung doch sehr human und entgegenkommend gewesen zu sein, zumal dadurch auch so etwas wie Öffentlichkeit und Transparenz hergestellt wurde.

Gleich zu Beginn verfielen alle Anwesenden in schallendes Gelächter. Professor L. stellte die provokante Frage: »Was passiert, wenn ich Ihnen aufs Auge haue?« Damals konnte ich noch recht gut hören, ich hatte mich also weder verhört noch die Frage missverstanden. Spontan, im allerersten Moment, dachte ich an unser wichtigstes Sinnesorgan, über das wir überwiegend unsere Umwelt wahrnehmen. Wollte er also et-was von Augenreizung, dem Ausschalten der Wahrnehmung, hören? Hatte mich der Professor mit seiner unmissverständlichen, derben Frage aufs Glatteis führen wollen? Einerlei, ich antwortete nach dieser Schrecksekunde verständlicherweise: »Dann haue ich richtig zurück!« Diese recht unakademische Antwort gefiel allen Beteiligten – dem Fragesteller, dem Co-Prüfer, dem Protokollanten und vor allem meinen Kommilitonen. Nachdem sich die Heiterkeit gelegt hatte, ging es nun aber *in medias res* (zur Sache). Hatte es doch dieser schalkhafte, sympathische Mensch auf simpelste Weise verstanden, eine für alle Beteiligten entspannte Atmosphäre zu schaffen. Kein Wunder, schließlich war er ja auch ein professioneller Psychologe!

XCII. Küchenpersonal, Papas Porsche, Vereidigung

Die Prüfung wurde mit ›gut‹ benotet und dadurch konnte ich auch mit dieser Zensur für das Gesamturteil mein erstes Lehrerexamen abschließen. Darauf musste selbstverständlich mit einem kühlgestellten Schaumwein angestoßen werden. Ich eilte in die Mensa und trank die ersten Schlückchen zusammen mit den vorwiegend weiblichen Angestellten in der Studenten-Kombüse, frei nach Wilhelm Busch ›*Denn jeder Jüngling hat nun mal / den Hang zum Küchenpersonal!*‹.

Schließlich hatten diese Frauen über drei Jahre für Essen und Trinken, also für mein leibliches Wohlergehen, gesorgt. Schon damals waren sie für mich so etwas wie die Heldinnen des Alltags, die maßgeblich dazu beigetragen hatten, mir das Studentenleben zu versüßen. Diejenigen Studenten aber, die mit Papas Porsche vorgefahren kamen, den Sozialismus propagierten und ihre Parolen überall hinschmierten, ließ ich an diesem Tag ganz bewusst links liegen.

Ich hatte nie Verständnis für diese Sofa-Revolutionäre, die sich in ihrem Leben nie die Hände mit harter Arbeit schmutzig machen mussten, aber sich angeblich für mehr Gerechtigkeit und Solidarität einsetzten, andererseits jedoch verächtlich oder in subtiler Weise auf Arbeiter und Arbeiterkinder herabschauten. Was wäre die Welt ohne die Menschen, die alle Werte erschaffen? Nur eine Minderheit profitiert ungerechtfertigt von dem, was andere erarbeiten. Hoffentlich erlangt der Begriff Wertschätzung nun die herausragende Bedeutung, die ihm gebührt.

Während anderen Lehramtsanwärtern bereits vor den Sommerferien eine Stelle zugewiesen wurde, wenn sie denn das richtige Parteibuch besaßen, überbrückte ich die Zeit als Platzwart-Gehilfe auf einem Tennisplatz, wo selbst schon Teenager ein arrogantes Verhalten voller Dünkel zeigten. Vor Beginn des neuen Schuljahres fuhr ich mit meinem Hab und Gut in Richtung Norden zu meiner ersten Stelle an der Realschule Freiburg/ Elbe. Zuvor machte ich Station in Stade, um als Lehrer z. A. (zur Anstellung) vereidigt zu werden. Missbilligend sah mich Schulrat C. an und monierte meine normale Alltagskleidung bei seiner Amtshandlung.

Daraufhin entgegnete ich: »Ein Anzug mit Krawatte ist ja wohl bei einem Umzug nicht gerade die praktischste Garderobe. Bin ich damit denn glaubwürdiger?«

Steife Zeremonien, Floskeln, überkommene, spießige Regeln und phrasenhafte Reden sind mir ein Gräuel. Zweieinhalb Jahre später, als Co-Prüfer bei meiner zweiten Lehrerprüfung, schien er mich noch ganz gut in Erinnerung behalten zu haben. Dieses Mal konnte ich nicht mit der Note ›gut‹ glänzen, aber das hatte sicher nicht nur mit dem Schulrat zu tun.

XCIII. Faule Säcke

Aus guten Gründen maße ich mir nicht an, Urteile über Kolleginnen und Kollegen zu fällen. Verständlicherweise entwickelte sich im Laufe meines Lehrerdaseins eine gewisse Zwiespältigkeit gegenüber meinen Berufskollegen. Einerseits gehörte ich nun auch zu ›den Lehrern‹ als große gesellschaftliche Gruppe, andererseits verärgerten mich aber immer wieder Klischees, Vorurteile und Verallgemeinerungen über die Zunft der Pädagogen. Selbst ein ehemaliger Bundeskanzler entblödete sich nicht, uns als ›faule Säcke‹ zu bezeichnen.

Wie in anderen Berufen auch, braucht man in der Regel nicht allzu viel Zeit, um Stärken und Schwächen der Kollegen zu erkennen. Lehrer sind ja keine Einzelkämpfer und gemeinschaftliches Arbeiten (neudeutsch: Teamwork), gemeinsame Normen und Regeln binden auch die unterschiedlichsten Paukertypen in ein Kollegium ein. Bei außerdienstlichen Aktionen erfasst man schnell die prägnantesten Charakterzüge, Eigentümlichkeiten und Laster. Auch für Lehrer gilt: Wer keine Laster hat, hat auch keine Tugenden.

XCIV. Marotten und Rektoren

Eine besondere Marotte pflegte ein Kollege an meiner ersten Schule. Zu vorgerückter Stunde war er imstande, ein Schnapsglas mit seinen Zähnen vollends zu zermalmen, ohne sich dabei zu verletzen.

Den Rektor nannten die Schüler ›Klofloh‹. Diese kreative Wortschöpfung verdankte er seinem Nachnamen, aus dem sich das despektierliche Wort zusammensetzte, und natürlich seiner regelmäßigen Begutachtung der WCs, weswegen über unsaubere Toiletten keine Klagen zu hören waren. Es hielt sich auch das Gerücht, dass er eine ›schwarze Liste‹ führte, in der alle kleineren und größeren Dienstsünden verzeichnet waren.

Auf dem Lande wird auch schon mal kräftig zu allerlei Gelegenheiten gefeiert und gebechert. Da kam es dann schon mal vor, dass der eine oder andere etwas später zum Unterricht erschien. Ich spielte mit den Landwirten gern Skat. Mancher Skatbruder war auch Vater eines Schülers in meinen Unterrichtsklassen. Das hielt sie spätabends nicht davon ab, mit mir das wirklich allerletzte Kontra- und Re-Spiel bis zum bitteren, sehr späten Ende durchzuziehen.

»Das Spiel müssen wir noch machen, aber morgen früh stehst du in der Schule auf der Matte!«

Prompt stand ich zu spät auf, rannte über die Bullenweide, die meinen Weg zur Schule abkürzte und riss mir beim Übersteigen des Stacheldrahtzaunes die Hose am Allerwertesten auf. Das merkte ich aber erst, als ich meiner Klasse den Rücken zuwandte und die Schüler in schallendes Gelächter ausbrachen.

Dann gab es da noch den Kollegen, der es bestens verstand, sich bei besonderen Aktionen der Schule in Szene zu setzen, dank guter Beziehungen zum Lokalredakteur der regionalen Tageszeitung. Wie in der kleinen und großen Politik bekam der Leser natürlich im wahrsten Sinne ein positives Bild und eine anerkennende Geschichte vorgesetzt.

Unbeherrschtheit und verbale Entgleisungen gegenüber Schülern haben bei Lehrern fast den Rang einer Todsünde. Ich muss gestehen, manches Mal im Klassenraum vor Situationen gestanden zu haben, die äußerste Selbstdisziplin erforderten, wollte man nicht Kopf und Kragen riskieren. Ein schwaches Nervenkostüm ist eher hinderlich, wenn Schüler sich durch zu viel Lärm, Respektlosigkeit oder Desinteresse hervortun.

Einem Kollegen war verbal einmal die Zunge ausgerutscht. Als er im Matheunterricht trotz mehrmaliger Wiederholungen in Sachen Bruchrechnung von einer Schülerin eine falsche Antwort bekam, betitelte er sie als ›dumme Kuh‹. Als sich das Mädchen darüber prompt beschwerte, entgegnete er: »Na gut, lass ich dumm weg!« Dieser Vorgang hätte für ihn, statt einer Disziplinarstrafe, in der Probezeit (zwischen der ersten und zweiten Lehrerprüfung) wohl das berufliche Ende bedeutet.

Ein anderer Rektor war nach einer langwierigen Konferenz und einem anschließenden, gemütlichen Beisammensein kurz davor, auf dem Tisch zu tanzen. Vor seinem Lehrerdasein verdiente er seinen Lebensunterhalt auch mal als Holzfäller – und Tänzer. In einigen, sehr alten sogenannten Revuefilmen kann man ihn zusammen mit Marika Rökk, einer bekannten Schauspielerin und Tänzerin der Nachkriegszeit, sehen.

Mir gefielen zweifelsohne Kollegen, die in ihrem Leben außer Schule noch anderes gesehen und erlebt hatten, wobei ich aber auch genügend andere Kollegen mit normaler Schullaufbahn kennenlernte, die den Lehrerberuf nicht nur als Job auffassten. Meine insgesamt vier Chefs und eine Chefin bekleideten eine Position, um die ich sie nicht beneidete.

Allein das diplomatische Geschick als Rektor/in sehr individuelle Persönlichkeiten eines Kollegiums zusammenzuhalten und zu führen, war bewundernswert, ganz abgesehen von den fachlichen, organisatorischen und psychologischen Fähigkeiten. Lehrer mit Namen wie Rambo, Jesus, Traumtänzer, Steinbeißer, Nebelkrähe und Plüschotter – so von den Schülern kreiert – sagen doch einiges über die unterschiedlichen Pädagogen-

Charaktere aus. An meiner letzten, relativ kleinen Schule, unterrichteten auch Kolleginnen mit prominentem, illustrem Hintergrund. So zählte die Ehefrau eines Ministerpräsidenten-Kandidaten, Ehefrau Nr. 2 eines ehemaligen Bundeskanzlers und die Mutter eines sehr bekannten und erfolgreichen Filmemachers und Regisseurs zum Kollegium.

XCV. Kochgemeinschaft

Mit einer weniger bekannten Persönlichkeit, dafür aber von echtem Adel, bildeten drei weitere Kolleginnen und ich eine Kochgemeinschaft. Gräfin Henriette v. S. begeisterte mich für ihre Idee, zumal ich in der Gruppe keine männliche Konkurrenz zu fürchten hatte und ich mich wie der Hahn im Korbe fühlen durfte. Reihum wurden zu Beginn recht einfache Gerichte nach Schulschluss realisiert.

Langsam, fast unmerklich, steigerten sich die verschiedenen Kreationen, immer vielseitiger, raffinierter und exotischer wurden unsere Kochkünste. Aber als sich das Zubereiten und Kochen zu einem Wettbewerb entwickelte, strich ich die Segel. Außerdem war ich mit meinem recht überschaubaren Repertoire an Mahlzeiten ans Ende gelangt. Wenig später löste sich auch der Rest der Gemeinschaft ohne Groll auf.

XCVI. Bohnensuppe und ›Kaliningrader Klopse‹

Zum Abschluss der Realschulzeit meiner Klasse gehörte selbstverständlich eine richtige Fete. Dafür bot sich das umliegende Gelände meines Wohnsitzes, Schloss Rutenstein, geradezu an.

Für das leibliche Wohl sollte eine serbische Bohnensuppe sorgen. Am Tag vor dem Fest bereiteten drei Schülerinnen meiner Klasse und ich die nicht unerheblichen Mengen an Suppengemüse, verschiedenen Bohnensorten, Kartoffeln, Zwiebeln, Paprikaschoten, Tomaten und Pfefferonis zum Kochen vor. Derweilen wurde Rind- und Schweinefleisch nach dem

Braten zum Kochen gebracht. Noch nie zuvor hatte ich für sechzig (!) Leute gekocht, meine Klasse hatte freundlicherweise auch die Parallelklasse eingeladen. In einem riesigen Wäschekessel, der ordentlich gesäubert wurde und schon lange nicht mehr zum Wäschekochen diente, vereinten sich alle Bestandteile meiner Lieblingssuppe zu einer recht bunten, ansehnlichen Gaumenfreude.

»Das sieht ja jetzt richtig gut aus!«, pflichteten mir meine Helferinnen bei.

»Und schmecken wird sie euch morgen bestimmt, bis jetzt hat sie immer allen geschmeckt!«, machte ich ihnen Appetit.

Danach stellte ich den Kessel mit der fertigen Kochkreation in die kühle Abstellkammer. Als ich am nächsten Morgen den ersten Blick auf das Balkangericht warf, erstarrte ich fast zur Salzsäule. Die Suppe schien über Nacht ein Eigenleben entwickelt zu haben, an der Oberfläche blubberten und brodelten unübersehbar kleine und große Blasen wie bei einem Geysir kurz vor dem Ausbruch. Was nun? In drei Stunden sollte die Fete starten. Erst einmal musste ich die Frage nach dem Warum aus meinem Kopf verbannen und schnell für Ersatz sorgen. So fuhr ich umgehend zu einem bekannten Fleischer und bestellte einhundertfünfzig Bratwürste.

»Darf's ein bisschen mehr sein?«, lästerte der Schlachtermeister. »So viele habe ich nicht auf Lager, da muss ich erstmal meine Maschinen anwerfen. Bleib ruhig, in zwei Stunden kannst du die Würste abholen.«

Nun war ich etwas erleichtert und konnte dann später wenigstens leckere Bratwürste grillen. Natürlich brachen meine Köchinnen fast in Tränen aus, als sie vom traurigen Ende der Suppe erfuhren. All die Arbeit, alle Bemühungen wurden im Abflussrohr begraben. Ich habe nicht herausgefunden, was die Ursache für das ›Umkippen‹ war, bin mir aber fast sicher, dass in irgendeiner Zutat von Beginn an der Wurm steckte. So blieb die Suppe, die nicht ausgelöffelt wurde, in denkbar schlechter Erinnerung – bis heute! Vielleicht wäre es doch besser gewesen,

Königsberger Klopse zu machen. Als ich einmal dieses ostpreußische Gericht erwähnte, wurde ich von einem Kollegen allen Ernstes belehrt: »Die Bezeichnung ist politisch nicht korrekt, es muss Kaliningrader Klopse heißen.«

Daraufhin antwortete ich diesem Kloogschieter: »Na gut, dann nenne ich sie Flüchtlings-Murmeln.«

XCVII. Schneeunheil und Karneval

Im Winter 1979 schneite es tagelang, bis auch die breitesten und viel befahrenen Straßen unpassierbar wurden und Norddeutschland unter meterhohem Schnee begraben wurde, *rien ne va plus*, nichts ging mehr für ein paar Tage. Im einzigen kleinen Supermarkt waren die Regale schnell leergefegt, als sich die Schneekatastrophe anbahnte. Die Schulen mussten schließen, statt ›hitzefrei‹ gab es nun ›schneefrei‹ für Schüler und Lehrer. Der Landstrich Kehdingen und der überwiegende Teil Niedersachsens waren nicht gerade Hochburgen des Karnevals, doch genau in dieser Frohsinnszeit versank die platte Landschaft unter den Schneemassen. Ein größerer Kreis des Kollegiums nutzte die Gunst der Stunde, um Karneval nach rheinischer Art zu feiern, zumindest was die ausgefallene Kostümierung betraf. Nur gut, dass uns bei diesen feucht-fröhlichen Parties die Schülerschaft nicht sah, unsere (Amts-)Autorität wäre da wohl in einem absoluten Nichts versunken.

In diesen Tagen beschäftigten uns zwei vorher nicht bekannte Probleme: Wie komme ich im Schnee von A nach B? Wie viele Vorräte sind noch da? Mit dem gröbsten Schuhwerk war ein Stapfen in der weißen Pracht noch möglich, es dauerte halt nur etwas länger. Während die Vorräte, hauptsächlich flüssiger Natur, bei den meisten Kollegen ziemlich schnell schwanden, hatte ich gut gebunkert. (Auf einem Schiff musste auch immer für ausreichend Bestand gesorgt werden). So fand denn der letzte Budenzauber bei mir auf Schloss Rutenstein statt, bis mein Hausherr zu später oder besser früher Stunde die Sicherung herausdrehte und wir danach nicht mehr allzu lange im Dunkeln saßen und meine Kollegen den schweren Heimweg antraten.

XCVIII. Einweihung und Entschuldigung

In meiner letzten Unterrichtsanstalt hatten die Eltern unserer Schüler an einem Mehrzweck- und Partyraum gewerkelt. Auf freiwilliger, unentgeltlicher Basis schufen sie einen schmucken Raum mit Tresen, Sitzecken und bequemen Stühlen, einen Bereich zum gemütlichen Beisammensein und Wohlfühlen.

Die fällige Einweihungsfeier mit den Mitgliedern und Unterstützern des Fördervereins, den Eltern und dem Kollegium zog sich bis in den Morgen hin. Zwischendurch sorgten Mütter und Väter aus der Nachbarschaft der Schule für Nachschub, kisten- und kartonweise. Es war das Wochenende der Zeitumstellung, statt sechs war es also schon sieben Uhr geworden, als immer noch der übliche harte Kern tagte. Mich überfiel wegen des unerwartet späten Nachhausekommens ein gewisses Schuldgefühl, ebenso erging es einer Kollegin, die an ihren eifersüchtigen Mann dachte: »Wir müssen unbedingt zuhause etwas vorweisen, weshalb wir so lange durchgemacht haben, sonst gibt's bestimmt Ärger.« Mit dieser einhelligen Meinung wandten wir uns an den Schulelternratsvorsitzenden.

»Nichts einfacher als das, ich schreibe euch eine Entschuldigung, muss ich sonst für meine Tochter machen, jetzt also für ihre Klassenlehrerin und für den Englischlehrer!«

Er nahm zwei Bierdeckel und schrieb: ›*Party ging bis sieben. Er/sie ist deshalb entschuldigt. Fritz N., Schulelternratsvorsitzender.*‹ Er wandte sich an seinen Tresennachbarn: »Hier, Franz, unterschreib auch mal!«

»Mach ich doch glatt!«

Und so stand dann noch Franz H., 1. Vorsitzender des Fördervereins auf dem Deckel. Mit diesem ›offiziellen‹ Entschuldigungsschreiben traten wir per Taxi den Heimweg an.

Resümee und Epilog

Nach dreißig Jahren im Metier ›Schule und Bildung‹ musste ich Abschied nehmen von einem Beruf, den man nicht erklären muss. Für jeden bedeutet die Schule einen maßgeblichen Lebensabschnitt mit oft zwiespältigen Erinnerungen. So wenig, wie unser Dasein perfekt ist, so wenig kann auch die Schule fehlerfrei sein und natürlich ebenso wenig können es die Lehrenden. Aber nichts kann die Schule ersetzen – das gemeinsame Erlernen der wichtigsten Kulturtechniken, das Aneignen von Wissen, das soziale Verhalten, der Umgang mit gleichaltrigen Charakteren und den verschiedenen Lehrerpersönlichkeiten, aber auch unvorhersehbare Ereignisse und Erlebnisse. Das will ich mit meiner kleinen, gewiss nicht vollständigen Sammlung mannigfaltiger Aspekte zum Ausdruck bringen.

Ohne Übertreibung und Pathos kann ich sagen: Meine Zeit als Lehrer trug einen bedeutsamen Teil dazu bei, dass mir ein erfülltes Leben geschenkt wurde.

Anmerkungen zum Buch

Die Nummerierung der fast einhundert Kurzgeschichten mit römischen Zahlen ist ganz bewusst gewählt worden. Letztendlich ist dies das Buch eines Lehrers. Da muss man zwangsläufig auch etwas lernen.

Namen wurden teilweise geändert oder nur mit Anfangsbuchstaben wiedergegeben.

Die maskuline Form schließt gleichwohl die feminine Form und/oder das Gendersternchen mit ein, hauptsächlich bei Schüler/Lehrer/Kollegen.

Danksagung

Mein besonderer Dank gilt Kirstin Reiter-Hennecke, die mich mit Rat und Tat bei diesem Buch unterstützt hat.

Abschliedslied

Nach der Melodie von ›*My Bonnie Is Over The Ocean*‹

1. Herr Gerner lässt uns heut alleine
denkt nur an sein eigenes Glück
Herr Gerner lässt uns heut alleine
Herr Gerner lässt uns hier zurück

(*Refrain*) Lässt uns, lässt uns,
lässt uns hier alleine zurück, zurück
Lässt uns, lässt uns, lässt uns hier alleine zurück

2. Einst fuhr er stolz über die Meere
Einst fuhr er stolz über die See
Einst fuhr er stolz über die Meere
Peitscht jedes Schiff durch Luv und Lee

(*Refrain*) Peitschte, peitschte ....

3. Doch dann fuhr das Schiff in den Hafen
und Eckehard nahm Abschied von Bord
Die Freiheit von Wellen und Wogen
gab er fürs Beamtentum fort

(*Refrain*) Gab er, gab er ....

4. Und schlugen bisher nur die Glasen
Jetzt schrillt ihn der Wecker hinaus
Die Unterrichtsstunde, die erste
treibt ihn viel zu früh aus dem Haus

(*Refrain*) Treibt ihn, treibt ihn ....

5. Sein Schiff war aus eichenen Planken
Sein Audi dagegen aus Blech
Das Skateboard war einst sein Verhängnis
Es rollte mit ihm einfach wech

(*Refrain*) Rollte, rollte.........

6. Die Kinder lernten bei ihm Englisch
Er lehrte auch viel von der Welt
Und siegten die Klassen beim Sportkampf
Spendierte er Eis für viel Geld

(*Refrain*) Spendierte, spendierte....

Text: Karin Göttsch / Reinhard Borgstedt
Musik: Reinhard Borgstedt

Über den Autor

Eckehard Gerner wurde am 9. Februar 1945 in Augustusburg (bei Chemnitz) geboren, während der Flucht seiner Mutter aus Masuren/Ostpreußen. Seine Kindheit verbrachte er in der Südheide, in Eschede.

Nach der Mittleren Reife fasste Gerner den Entschluss, zur See zu fahren. Grund: Er wollte die ›große weite Welt‹ sehen und außerdem und vor allem: weg von zuhause. So besuchte er die Seemannsschule in Bremervörde und fuhr anschließend auf insgesamt siebzehn Schiffen um die ganze Welt. Dabei brachte er es vom Schiffsjungen bis zum 2. Offizier.

Wieder ›an Land‹ studierte er ab 1970 an der PH Hildesheim und arbeitete als Lehrer an verschiedenen Schulen in Niedersachsen, zuletzt an der OS (Orientierungsstufe) in Hannover-Ahlem. Er lebt in Oberricklingen (Hannover).

Zum Schreiben kam Gerner, weil er die Seefahrts-Epoche der 1960er Jahre festhalten wollte. Damals gab es noch etwas von der alten Seefahrts-Romantik. Der erste Band über seine Jahre zur See erschien 2015 unter dem Titel ›*Jenseits des Horizonts. Vom Moses zum Matrosen*‹. Zwei Jahre später folgte der zweite Band seiner Erinnerungen an die Seemanns-Jahre, ›*Matrosenleben. Einmal um die ganze Welt*‹ (memorabilia 2017), ein Jahr darauf schließlich der dritte und abschließende Band, ›*Auf der Brücke. Mit Kompass und Sextant*‹ (memorabilia 2019).

›memorabilia‹

Unter diesem Namen entwickeln wir eine besondere Buchreihe. Hier erscheinen vorzugsweise Lebenserinnerungen oder Sammlungen von Lebenserfahrungen, Memoiren, Erzählungen, Gedichte – in jedem Fall sehr persönliche Bücher, deren Autoren sich eine seriöse verlegerische Betreuung wünschen: vom Lektorat über das Korrektorat bis hin zum Layout.
Gern schicken wir Ihnen als Muster ein aktuelles Exemplar zu.

›memorabilia‹

so hieß die lateinische Übersetzung eines berühmten Werkes des antiken Historikers Xenophon, der im 5./4. Jahrhundert v.u.Z. lebte. In seinen ›memorabilia‹ versammelte Xenophon Erinnerungen an den legendären Philosophen Sokrates, dessen Zeitgenosse er war. Daraus entwickelte sich eine Gattungsbezeichnung für Sammlungen von ›Denkwürdigkeiten‹ an Personen oder historische Ereignisse.

Kontakt

memorabilia,
c/o Ganymed Edition
Deveser Straße 3
D-30966 Hemmingen
Mail: contact@memorabilia-ed.de